Karl Hermanns

Handfibel

Der Schreibleseunterricht als erstes Lese- Sprach- und Lehrbuch für Schule

und Haus

Karl Hermanns

Handfibel

Der Schreibleseunterricht als erstes Lese- Sprach- und Lehrbuch für Schule und Haus

ISBN/EAN: 9783743675421

Hergestellt in Europa, USA, Kanada, Australien, Japan

Cover: Foto ©Paul-Georg Meister /pixelio.de

Weitere Bücher finden Sie auf **www.hansebooks.com**

Hand-Fibel

oder der

Schreib-Lese-Unterricht

als

Erstes Lese-, Sprach- und Lehrbuch

für

Schule und Haus.

Von

Karl Hermanns,

Lehrer zu Philadelphia und Verfasser von „Arithmetic naturally and
practically taught."

Dritte Auflage.

Philadelphia:
Verlag von Schäfer und Koradi.
1867.

Stereotypirt bei L. Johnson & Co., Philadelphia.

Inhalts-Verzeichniß.

	Seite
Vorwort.	3
Das große und kleine Alphabet	5

Erster Abschnitt.

Die kleinen und großen Schreib- und Druckbuchstaben, Silben, Wörter und Sätze	6—29

Zweiter Abschnitt.

Die Schärfung und Dehnung des Selbstlautes	30—34

Dritter Abschnitt.

Die Andersschreibung oder die Verschiedenheit der Aussprache und Schreibung einiger Laute.	35—39

Vierter Abschnitt.

Kleine Beschreibungen und andere Lesestücke als Grundlage des Anschauungs-Unterrichts, und Gedichtchen zum Auswendiglernen	40—79
1. Die Schule. (Hermanns.)	40
2. Der dumme Hans. (Tinter.)	41
3. Knabe und Hündchen. (Hey.)	41
4. Lerne was, so kannst du was. (Thomas.)	41
5. Die Feder. (Hey.)	42
6. Die Eltern. (Hermanns.)	42
7. Zum Geburtstage der Mutter. (Hermanns.)	43
8. Zum Geburtstage des Vaters. "	43
9. Die guten Geschwister. "	44
10. Bruder und Schwester. "	44
11. Folgen des Ungehorsams. (Stephani.)	44
12. Das Lämmchen. (Bertuch.)	45
13. Der Lügner. (Hermanns.)	46
14. Ich will nicht lügen. (Schnabel's Lesebuch.)	46
15. Der Waisenknabe. (Tinter.)	47
16. Das Haus. (Hermanns.)	47
17. Zufriedenheit. (Thomas.)	48
18. Nun rathet einmal?	49
19. Die Hausthiere. (Hästers.)	49
20. Das Pferd. (Hästers.)	49
21. Die Kuh. (Hästers.)	50
22. Kuh und Kalb. (Hey.)	50
23. Das Schaf. (Nach Hästers.)	50
24. Das Schäfchen.	51
25. Dieb und Hund. (Hey.)	52
26. Kind und Kätzchen. (Hey.)	52
27. Die Hühner. (Hästers.)	52
28. Der Garten. (Hermanns.)	53

1

Seite

29. Räthsel. 54
30. Der Blumengarten. 54
31. Das Feld. (Hermanns.) 55
32. Das Samenkorn. (Hey.) 55
33. Was ist das? 55
34. Was ist denn das? 55
35. Die Aehren. (Chr. Schmid.) 55
36. Die Lerche. (Güll.) 56
37. Der Wald und die Wiese. (Hermanns.) . . . 56
38. Der junge Baum. (Aus Reffelt's Lesebuch.) . . 57
39. Das Häschen. (Hey.) 58
40. Warnung. 58
41. Das Vogelnest. (Hermanns.). 59
42. Das listige Vögelein. (Aus Häster's Lesebuch.) . . 59
43. Der Bauer. (Hermanns.) 60
44. Der Bauer.—Gedicht. (Hermanns.) 60
45. Der Besuch auf dem Lande. " 60
46. Das Landleben. (Aus Schnabel's Lesebuch.) . . 62
47. Der Handwerker. (Hermanns.) 62
48. Vogel und Pferd. (Hey.) 63
49. Kind und Schmied. (Hermanns.) 63
50. Der Schneider. (Hästers.) 64
51. Bauernhof, Weiler, Dorf und Stadt. (Hermanns.) . 64
52. Das ist nicht schön. (Hermanns.) 65
53. Die Eckensteher. " 66
54. Die Freude der Jugend. (Aus Reffelt's Lesebuch.). . 66
55. Das Wasser. (Hermanns.) 67
56. Das beste Getränk. (Uhland.) 68
57. Wo das Wasser ist. (Hermanns.) 68
58. Vöglein, Blümlein, Wässerlein. (Aus Hästers' Lesebuch.) . 69
59. Wie stark das Wasser ist. (Hermanns.) . . . 69
60. Die Erde. (Hermanns.) 70
61. Die Blumen. (Aus Hästers' Lesebuch.) . . . 71
62. Die Luft . . . Der Himmel. (Hermanns.) . . 72
63. Der Wind. (Aus Hästers' Lesebuch.) . . . 73
64. Die vier Jahreszeiten. (Hermanns.) 73
65. Die vier Brüder. 74
66. Die Sonne. (Hermanns.) 74
67. Sonnenaufgang. (Schiller.) 76
68. Sonnenuntergang. (Schiller.) 76
69. Der Mensch . . . Gott. (Hermanns.) . . . 77
70. Einige Sprüche und Verschen zum Behalten und zur Beachtung für's ganze Leben 78
Zählen . . . . 79—80
Das Ein = mal = Eins 81

Vorwort.

Schreiben- und Lesenlernen sollen in diesem Büchlein Hand in Hand gehen. Die Kinder sollen aber nicht nur mechanisch ablesen lernen, sondern von Anfang an dazu angehalten werden, sich bei dem, was sie lesen, etwas zu denken. Darum sind alle sinnlosen Lautverbindungen weggelassen, und darum ist Alles nur aus dem Bereiche der Erfahrung und Anschauung des Kindes genommen.

Dann soll das Büchlein zugleich Lese-, Sprach- und Lehrbuch sein. Es ist mir (und gewiß nicht mir allein) oft vorgekommen, daß ich zwölf- bis vierzehnjährige Kinder in die Schule bekam, welche nicht wußten, was z.B. ein Baumhof, ein Metall, ein Hausthier ist und wie die zwölf Monate und die vier Jahreszeiten heißen. Alles das hatten sie in ihren Schulen noch nicht gehabt, aus ihren Büchern nicht gelernt. Solcher Unwissenheit, wenigstens der Entschuldigung, soll dieses Büchlein abhelfen. Dasselbe soll Lehrbuch sein und einen guten Grund legen für den weitern Unterricht.

Damit das Büchlein seine Aufgabe nun recht erfüllen kann, muß dasselbe an die Lehrer folgende Anforderungen stellen:

1. Die unter den Uebungen gegebenen Winke wohl zu beachten. 2. Nicht eher weiter zu gehen, als bis die Aufgabe gut gelernt ist; denn je langsamer man im Anfange fortschreitet, desto rascher geht's nachher. 3. Viel an die Wandtafel zwischen Linien vorzuschreiben, damit die Kinder sehen, wie die Buchstaben entstehen. 4. Den Lehr-

1*

stoff des „Vierten Abschnittes" im Anschauungs=Unterrichte gehörig zu
verarbeiten; und 5. Die Gedichtchen und Verschen zu erklären und
so auswendig lernen zu lassen, daß die Kinder sie aus dem Gedächt=
nisse fehlerfrei niederschreiben können.

Wird diesen Anforderungen entsprochen, so werden die Kinder
Vieles aus dem Büchlein lernen, und das Gelernte wird bei manchem
Kinde den Grund legen zu einem geraden, moralischen, edeln, gesund=
religiösen, guten Menschen. Und Dies sollte das Ziel alles Unterrichts
sein, so würden wir glücklicher leben in unserm herrlichen, von der
Natur so reich gesegneten Lande.

Philadelphia, im Februar, 1866.

K. Hermanns,
Lehrer.

Das große und kleine Alphabet.

A	N	a	q
B	O	b	r
C	P	c	ſ
D	Q	d	t
E	R	e	u
F	S	f	v
G	T	g	w
H	U	h	x
I	V	i	y
J	W	j	z
K	X	k	ä
L	Y	l	ö
M	Z	m	ü
		n	s
		o	ß
		p	tz

Erster Abschnitt.

Die kleinen und großen Schreib- und Druck-buchstaben, Silben, Wörter und Sätze.

A. Die kleinen Buchstaben.

Ein Vor- und ein Nachlaut.

1.

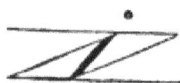

i.

2.

n.

in.

3.

m.

im,   in.

Fragen: Wie viel Laute hat das Wort i m? — Wie heißt der erste Laut? — Der zweite? — U. s. w.

4.

u.

um,   nun,
in,   im.

Fragen: Wie viel Laute hat das Wort **um**? — Wie heißt der erste? — Der
zweite? — u. s. w.

Aufg.: — Schreibet diese Wörter auf und gebet nach jedem Worte durch senkrechte
Striche an, wie viel Laute es hat! —

5.

e,   ei,

ein,   ein=e,   nein,
mein,   mei=ne,   nun.

Fragen und Aufg.: Wie Nr. 4!

6.

e,   eu,

neu,   neu=e,   neun,
mein,   ei=ne.   nun.

Fragen und Aufg.: Wie Nr. 4!

7.

(handwritten script)

a.

(handwritten script)

an,   am,   man,
ei=ne,   neu=e,   mei=ne.

Fragen: Wie viel Silben hat das Wort an? — Das Wort neue? —
Wie viel Laute hat die Silbe neu? — Die Silbe e? — U. s. w.

Aufg.: — Schreibet diese Wörter auf und gebet nach jedem Worte durch Striche an,
wie viel Silben es hat! —

8.

(handwritten script)

r.

(handwritten script)

er,   nur,   rein,
mir,   eu=er,   im=mer.

Fragen und Aufg.: Wie Nr. 7! —

9.

(handwritten script)

o, v.

(handwritten script)

nein,   ei=ner,   nim=mer.
von,   vor,   vo=ran.

Fragen und Aufg.: Wie Nr. 7! —

10. w.

wir? war? wa=rum?
wo? wer? wen?
wei=nen, wa=ren, war=nen.

er war rein. — wer war rein? —
wir wa=ren rein. — wo? —

Fragen bei den Wörtern nach der Zahl der Silben und Laute und bei den
Sätzen nach der Zahl der Wörter! —

Aufg.: — Schreibet zuerst die Wörter auf und gebet nach jedem Worte durch
Striche an, wie viel Silben es hat — dann die Sätze und gebet nach
jedem Satze an, wie viel Wörter er hat! —

11. au, l.

lau, weil, ei=len,
lei=men, ler=nen, wol=len,
wo=rin? wo=ran? wa=rum?

wir ei=len. — wa=rum ei=len wir?
— wir ler=nen. — wir wol=len ler=
nen. — wo wol=len wir ler=nen? —

Fragen und Aufg.: Wie Nr. 10! —

12. ü,

ab, bei, o=ben,
ü=ben, ne=ben, ü=ber,
bau=en, le=ben, lo=ben.

wir le=ben. — wir ü=ben. — wir
bau=en. — wir ler=nen. — wo war
er? — er war bei mir. — wer? —

Fragen und Aufg.: Wie Nr. 10! —

13. d,

du, der, da, dir, den, dem, re=den,
dei=ne, ba=den, lei=den, wer=den.

wir re=den. — er war da. — wir
wa=ren da. — wo wa=ren wir? —
bim bam bom. — wo? — da o=ben! —

Fragen und Aufg.: Wie Nr. 10! —

14.

ö,   t (d).

taub, mit, weit, be=ten, laut, tö=nen,
war=ten, ar=bei=ten.

re=de laut! — wir ar=bei=ten. — er ar=bei=tet.
— wir be=ten. — er be=tet. — man be=te=te. —
wo? — be=tet! —

Fragen und Aufg.: Wie Nr. 10! —

13.

ſ,   S.

ſo, es, los, was, bis, le=ſen,
das, ſein, lei=ſe, bö=ſe, rei=ſen,
ſau=er, ſel=ten, lo=ſen, ſol=len, et=was.

wir le=ſen. — er las. — was las er? — er las
et=was. — wo=rin las er? — er las lei=ſe. —
wir la=ſen laut. — was war das?

Fragen und Aufg.: Wie Nr. 10! —

2

16.

f,  v

auf, faul, fein, reif, rei=fen, ru=fen, lau=fen, lüf=ten, duf=ten, wer=fen.

wir lau=fen. — war=um lau=fen wir? — lau= fet nur vor=aus! — man lüf=tet es. — was lüf=tet man? — was duf=tet?

Fragen und Aufg.: Wie Nr. 10! —

17.

ä, 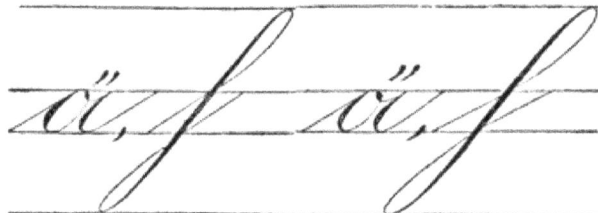 h.

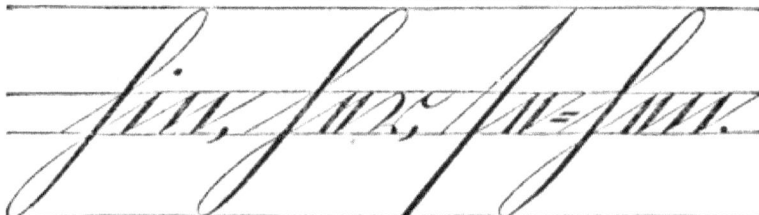

hin, her, na=he, se=hen, hei=len, her=ein, hin=aus, hö=ren, heu=te, nä=hen, mä=hen, lei=hen, hin=ten.

er nä=het. — wer? — wir sehen hin=ein. — er war hin=ter mir. — wir hö=ren es an. — was hö=ren wir an? —

Fragen und Aufg.: Wie Nr. 10! —

18.

[Schreibschrift: k]

k.

[Schreibschrift: kam, kein, kau=fen.]

kam, kein, kei=ne, kau=fen, mer=ken, kom=men,
ken=nen, kön=nen, ver=kau=fen.

wir kön=nen et=was kau=fen. — was kön=nen
wir kau=fen? — wir mer=ken auf. — mer=ke du
nur auf! — wo? —

Fragen und Aufg.: Wie Nr. 10! —

19.

[Schreibschrift: g]

g.

[Schreibschrift: gut=ben, sa=gen.]

gut, weg, ge=ben, ger=ne, sa=gen, ge=ben,
le=gen, lü=gen, ge=gen, seg=nen, be=we=gen, .
be=geg=nen.

er war mir gut. — wer? — wir le=sen ger=
ne. — wir ge=ben es ab. — was? — man
sag=te es mir. — was sag=te man dir? —
wir sa=gen das laut. — was? —

Fragen und Aufg.: Wie Nr. 10! —

20.

(handwriting: j (i))

j (i).

(handwriting: ja, ju=ner, ju=der.)

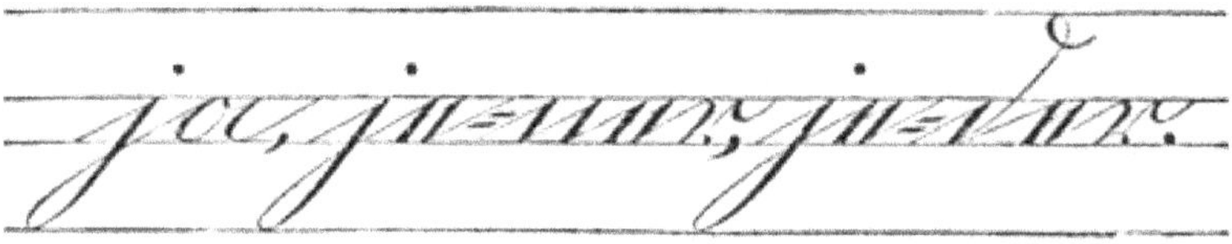

ja, o ja, je, je=ner, je=ne, je=nes, je=der,
je=de, je=des, ja=gen, jä=ten.

er sag=te ja. — wir sag=ten nein. — je=ne
le=sen. — je rei=ner, je bes=ser. — o ja! —
war je=der rein? — o nein! — je=der ler=net
aus=wen=dig. — was? —

Fragen und Aufg.: Wie Nr. 10! —

21.

(handwriting: z.)

z.

(handwriting: zün=den, hei=zen.)

zu, zur, zum, zei=gen, zün=den, hei=zen, rei=
zen, bei=zen, wal=zen, wäl=zen, wür=zen.

man hei=zet ein. — wa=rum hei=zet man ein?
— wir zün=den an. — was? — er reiz=te. —
wen reiz=te er? — war das gut? — o nein,
das war un=ar=tig. —

Fragen und Aufg.: Wie Nr. 10! —

22.

p (b).

pur, pau=ſen, pi=pen, per=len, pum=pen,
paſ=ſen, put=zen, pei=ni=gen.

wir pau=ſen. — wo? — wir put=zen es aus.
— was? — es per=let. — was? — wo=rin per=
let es? — es pip=te. — was pip=te? —
Fragen und Aufg.: Wie Nr. 10! —

23.

ch (g).

ich, mich, dich, reich, weich, doch, hoch,
la=chen, ſu=chen, ko=chen, wa=chen.

wo bin ich? — ſuch mich! — wir rech=nen.
— er rech=net rich=tig. — wir mach=ten es
gut. — wir ko=chen. — wer? — wo? — was
ko=chen wir? —
Fragen und Aufg.: Wie Nr. 10! —

24.

ſch.

ſchön, raſch, huſch, ſchau=en, ſcha=den, fi=ſchen, na=ſchen, wa=ſchen, ha=ſchen.

das war ſchön. — wir ge=hen raſch. — er ſchau=et ſich um. — wir wa=ſchen. — was? — dür=fen wir auch na=ſchen? — huſch, huſch! war er weg. — wer? —

Fragen und Aufg.: Wie Nr. 10!

25.

ß.

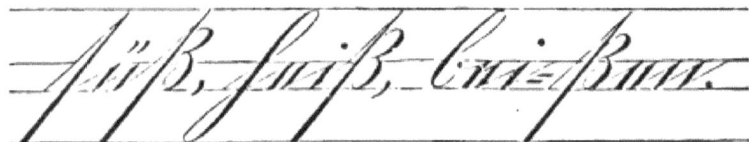

ſüß, weiß, heiß, mä=ßig, mü=ßig, bei=ßen, bei=ßen, rei=ßen, wei=ßen, ſüß=lich.

es war heiß. — wo? — er ſaß vor mir. — wir a=ßen es auf. — was? — beißet er auch? — o ja! — wer bei=ßet? —

Fragen und Aufg.: Wie Nr. 10! —

26.

— iſt, biſt, feſt, lu=ſtig, dur=ſtig, ko=ſten. —
er iſt da. — du biſt da. — wo biſt du? —
ich bin dur=ſtig. — was ko=ſtet das? —

Fragen und Aufg.: Wie Nr. 10!

B. Die großen Buchſtaben.

Mehrere Vor= und Nachlaute.

27.

kl — rf, rm, rn, lch, cht, ſt, nſt, rſt.

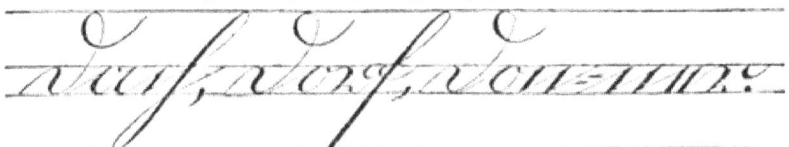

der, di (e), das; — ein, eine, ein.

Dach, Dä=cher, Da=me, Da=men, Dorf, Dör=fer,
Dorn, Dor=nen, Dunſt, Dün=ſte, Docht, Doch=te,
Dolch, Dol=che, De=gen, Durſt, Don=ner.

Das Dach iſt hoch. — Das Dorf iſt klein. — Der
Docht iſt rein. — Der De=gen iſt ſchön. — Du mußt
ler=nen, a=ber nicht lärmen! —

Fragen: Wie muß man ſagen: Der Dach, die Dach oder das Dach? —
Wie muß man ſagen: Der Dächer, die Dächer oder das Dächer? —
Aufg.:— Schreibet die Namen von den Dingen in der Ein= und Mehrzahl auf,
und ſetzet das Wörtchen der — die — das — oder ein — eine —
ein davor! —

28.

[Schreibschrift:] o, O. ö, Ow.

o, O. ö, Oe

ſchw — ln, rt, rd, nt, cht, ſt, rſt, bſt, rz.

[Schreibschrift:] Ort, Owl, Oefen, Orzgel.

der, die, das ; — ein, eine, ein.

Ort, Or=te, O=fen, Oe=fen, O=heim, O=hei=me,
Or=gel, Or=geln, Obſt, O=ſtern, Ok=to=ber, —
Dorf, Dunſt, Docht, Durſt, Dolch, Don=ner.

Die Or=gel tönt. — Der O=heim hat mich gern. —
Das Obſt wird reif. — Der O=fen iſt ſchwarz. —
Fragen und Aufg.: Wie Nr. 27 ! —

29.

[Schreibschrift:] a, Aä, Ae — au, — Au — äu, Aeu.

a, Aä, Ae — au, — Au — äu, Aeu.

ſchw, zw, kl, — nd, nt, rm, rt, rz, rd, bſt.

[Schreibschrift:] Arm, Aeuglein, Anzmul.

der, die, das ; — ein, eine, ein.

Arm, Ar=me, Au=ge, Au=gen, A=bend — A=ben=de,
— Ant=wort, Ant=wor=ten, Aer=mel, Au=ge, Aeug=lein,
An=ton, Al=bert — Obſt, O=heim, O=ſtern, Ok=to=ber.

Das Au=ge iſt klar. — Die Ant=wort war kurz. —
Am A=bend wird es fin=ſter. — Du haſt zwei Ar=me. —
Die Aer=mel be=klei=den die Ar=me. —
Fragen und Aufg.: Wie Nr. 27 ! —

30.

g, *[handwritten script]* G.

ſchn, gr, gl, br, — nß, ln, ld, cht, nz, nzt.

[handwritten script line]

der, die, das; — ein, eine, ein.

Gans, Gän=ſe, Gras, Grä=ſer, Grab, Grä=ber, Glas,
Glä=ſer, Ga=bel, Ga=beln, Gar=ten, Gär=ten, Gei=ge,
Gei=gen, Geld, Gold, Glanz, — Arm, Ant=wort.

Das Gras iſt grün. — Die Gans ſchnat=tert. —
Die Glä=ſer zer=bre=chen leicht. — Der Gar=ten iſt groß.
— Die Geige tönt. — Das Gold glänzt. —

Fragen: und Aufg.! —

31.

ſ, S, *[handwritten script]* ſch, Sch.

ſchw, ſchm, ſchl, ſchr, gr, — rn, rg, lz, bt, nzt.

[handwritten script line]

der, die, das; — ein, eine, ein.

Sarg, Sär=ge, Schaf, Scha=fe, Schwein, Schwei=ne,
Schu=le, Schu=len, Schwe=ſter, Schwe=ſtern, Schna=bel,
Schnä=bel, Schnei=der, Schläch=ter, Schrei=ber, Saum,
Sand, Schmalz, — Glas, Gras, Gans, Gold, Glanz.

Die Son=ne ſcheint. — Das Schwein grunzt. — Der
Schrei=ber ſchreibt ſchön. — Der Schnei=der ſchnei=det
zu. — Der Schläch=ter ſchlach=tet das Schaf.

Fragen und Aufg.! —

32. v, V.

ſchw, ſchn, fl, — lf, nt, rn, bt.

Volk, Vater, Vogel.

der, die, das; — ein, eine, ein.

Volk, Völ=ker, Va=ter, Vä=ter, Vo=gel, Vö=gel, Vet=ter,
Vet=tern, Ver=bot, Ver=bo=te, Vi=o=le, Vi=o=len, Vi=o=
li=ne, Vi=o=li=nen, Veil=chen, — Schna=bel, Schuſter,
Schnei=der, Schwe=ſter, Schrei=ber.

Der Va=ter lobt die flei=ßi=ge Schwe=ſter. — Der
Vo=gel flog weg. — Die Veil=chen duf=ten fein. — Die
Vi=o=li=ne tönt ſchön. — Der Vet=ter kam zu uns.
Fragen und Aufg.! —

33. ai, w, W.

br, — rt, rm, rch, lf, ſt, ln, lm, cht, bt.

Wort, Waiſe, Winter.

der, die, das; — ein, eine, ein.

Wein, Wei=ne, Wort, Wör=ter, Wurſt, Wür=ſte, Wurm,
Wür=mer, Wald, Wal=der, Wand, Wän=de, Wind,
Win=de, Wai=ſe, Wai=ſen, Wach=tel, Wach=teln, Wol=
ke, Wol=ken, Wil=helm, Waſ=ſer, Wet=ter, Win=ter, —
Va=ter, Vo=gel, Veil=chen, Vet=ter, Vio=li=ne.

Die Wurſt wird ge=bra=ten. — Wo=rin? — Der
Wind ſauſt durch den Wald. — Der We=ber webt. —
Was webt er? — Die Wai=ſe weint. — Wa=rum weint
die Wai=ſe? —
Fragen und Aufg.! —

34.

N, ⟋⟋, 𝒩 ⟋, 𝒩 **N.**

ſchw, ſchr, zw, — ſt, tz, pf, cht, nd, rn, ßt, chts.

[Handwriting sample line]

der, die, das; — ein, eine, ein.

Neſt, Ne=ſter, Netz, Ne=tze, Napf, Näp=fe, Nacht, Näch=te, Na=del, Na=deln, Na=ſe, Na=ſen, Na=me, Na=men, Num=mer, Num=mern, Nä=ſcher, Nacht=wäch=ter, Neid, — Wort, Wald, Wind, Wil=helm.

Das Neſt iſt rund. — Das Netz zer=reißt leicht. — Der Napf bricht ent=zwei. — Der Nacht=wäch=ter wacht des Nachts. — Wa=rum wacht er? — Fragen und Aufg.! —

35.

m, ⟋⟋⟋, 𝓜 **M.**

rd, nd, ln, lt, ft, nſch, lch, gd, cht, ps, pf, rk, rkt.

[Handwriting sample line]

der, die, das; — ein, eine, ein.

Maus, Mäu=ſe, Mund, Mün=de, Menſch, Men=ſchen, Mops, Möp=ſe, Markt, Märk=te, Mau=er, Mau=ern, Mut=ter, Müt=ter, Möps=chen, Mäd=chen, Mai, Mond, Milch, — Napf, Na=del, Nä=ſcher.

Der Mond ſcheint in der Nacht. — Mei=ne Mut=ter iſt mir gut. — Auf dem Mark=te wird ge=kauft. — Was? — Die Magd holt mei=ner Mut=ter die Milch. — Wo=rin holt man Milch? — Fragen und Aufg.! —

36.

r,   R.   R.

bl, dr, — nd, ft, rt, ps.

(handwriting: Reiß, Rü=be, Reuter.)

der, die, das; — ein, eine, ein.

Rad, Rä=der, Reis, Rei=fer, Rind, Rin=der, Rand,
Rän=der, Rü=be, Rü=ben, Räu=ber, Rauch, Reiß, Reu=e,
Rein=lich=keit, — Mäd=chen, Nä=her=in.

Das Rind wei=det auf der Wei=de. — Die Rä=der
dre=hen sich rund. — Die Ro=sen blü=hen im Som=
mer. — Wo? — Der Räu=ber läuft mit dem Gel=de
fort. — Wa=rum läuft er fort? —

Fragen und Aufg.! —

37.

i, J,   J.   j. J.

fl, tr, — ld, nt, bt, rt, rg, rgt, tz.

(handwriting: Iser, Insul, Jacob.)

der, die, das; — ein, eine, ein.

In=sel, In=seln, Il=tiß, Il=tif=se, J=gel, J=da, J=saak,
Is=ra=el; — ja — Ju=de, Ju=den, Jä=ger, Ja=kob, Ju=ni,
Ju=li, — Wort, Netz, Mops, Rein=lich=keit.

J=da ist ein Mäd=chen. — Der J=gel ver=birgt sich im
Wal=de. — Der Ju=ni ist ein Mo=nat; der Ju=li auch.
— Ja=kob ist ein flei=ßi=ger Schü=ler. — Ich auch? —
Ja? — Auch im=mer? —

Fragen und Aufg.! —

38.

(Schreibschrift-Zeile)

e, E — ei, Ei — eu, Eu.

ſchw, ſchm, — rn, rb, rz, lz.

(Schreibschrift-Zeile)

der, die, das; — ein, eine, ein.

Ei, Ei=er, Erz, Er=ze, En=te, En=ten, En=de, En=den,
Eu=le, Eu=len, El=le, El=len, Erb=ſe, Erb=ſen, Ei=mer,
Eich=hörn=chen, — In=ſel, Jä=ger.

Was iſt das? — Das iſt ein Ei — und ſo ſchön weiß
iſt das Ei. — Das Erz iſt ſchwer. — Aus dem Erz
ſchmelzt man das Ei=ſen. — Wo? —

Fragen und Aufg.! —

39.

(Schreibschrift-Zeile)   f,   F.

br, fr, fl, — lß, ld, lz, ru, rb, cht, z, ſt.

(Schreibschrift-Zeile)

der, die, das; — ein, eine, ein.

Feld, Fel=der, Fels, Fel=ſen, Filz, Fil=ze, Feſt, Fe=ſte,
Frau, Frau=en, Freund, Freun=de, Frucht, Früch=te,
Flam=me, Flam=men, Fen=ſter, Flü=gel, Fleiß, Fleiſch,
Froſt, — Eſel, Eich=hörn=chen.

Die Frau kocht das Fleiſch. — Wo=rin? — Die
Fla=ſche zer=bricht in Scher=ben. — Fritz grüßt freund=
lich. — Wen? — Wo? — Wa=rum? —

Fragen und Aufg.! —   3

40.

l, *L, L* **L.**

br, fl, fr, — ft, rm, mp, nd, rd, cht, tz, rst.

Leib, Lüf=te, Lam=pen.

der, die, das ; — ein, eine, ein.

Leib, Lei=ber, Luft, Lüf=te, Licht, Lich=ter, Lum=pen,
Lap=pen, Löf=fel, Lämp=chen, Lob, Lärm, Lau=ra,
Lud=wig, — Freund, Fritz, Frost, Fleisch, Fen=ster.

Ich hö=re den Lärm. — Wo=mit hörst du? — Die
Lam=pe wird an=ge=zün=det. — Wa=rum? — Er ist
mein Freund — Wer? — Lau=ra und Fritz sind flei=
ßig. — Das ist brav! — Was ist brav? —
Fragen und Aufg.! —

41.

b, *b, B* **B.**

bl, br, pfl, — ld, rg, rn, gt, mp, ßt, rst.

Baum, Brod, Bürste rc.

der, die, das ; — ein, eine, ein.

Baum, Bäu=me, Bach, Bä=che, Bild, Bil=der, Berg,
Ber=ge, Bu=be, Bu=ben, Bru=der, Brü=der, Blei=che,
Blei=chen, Blu=me, Blu=men, Bür=ste, Bür=sten, Brat=
wurst, Brat=wür=ste, Blei, Blut, Brand, — Lud=wig,
Löf=fel, Lap=pen, Lämp=chen.

Der Bau=er pflügt. — Wo=mit? — Der Berg ist
hoch. — Der Bru=der ißt ein But=ter=brod. — Wir
es=sen auch gern Brat=wurst. — Wa=rum? —
Fragen: und Aufg.! —

42.

h, H.

br, gr, — md, rch, rsch, rz, nst, rbst, lz, pt, lgt, pft.

Hals, Holz, Himmel.

der, die, das; — ein, eine, ein.

Hals, Häl-se, Hemd, Hem-den, Haupt, Häup-ter, Herz, Her-zen, Hirsch, Hir-sche, Hecht, Hech-te, Him-mel, Holz, Herbst, — Bru-der, But-ter, Jagd-hund.

Das Herz klopft in der Brust. — Wo? — Der Hirsch läuft durch den Wald. — Der Jä-ger ver-folgt das Wild. — Wa-rum? — Heu war einst Gras, und Eis, was war das? — Wer weiß es? — Fra-gen und Aufg.! —

43.

u, U. ü, Ue.

gr, fl, zw, — ld, pt, rbst.

Uhren, Unterricht.

der, die, das; — ein, eine, ein.

Ul-me, Ul-men, Ur-sa-che, Ur-sa-chen, Ue-ber-zug, Ue-ber-zü-ge, U-fer, Ue-bel, U-hu, Un-schuld, Ur-su-la, Un-ter-richt, Ue-ber-fluß, — Hecht, Hirsch, Haupt, Herbst.

Die Ul-me ist ein Baum. — Der U-hu ist ei-ne gro-ße Eu-le. — Der Fluß hat zwei U-fer. — Wir er-hal-ten in der Schu-le Un-ter-richt. — Von wem? — Fra-gen und Aufg.! —

44.

k,  K.

kl, kr, kn, — lk, lb, rk, rb, gt, pf, bs, kt.

(handwritten script line)

der, die, das; — ein, eine, ein.

Korb, Kör=be, Kind, Kin=der, Kalb, Käl=ber, Kopf, Köp=fe, Kleid, Klei=der, Knecht, Knech=te, Krebs, Kreb=se, Kloß, Klöt=ze, Kna=be, Kna=ben, Kar=tof=fel, Kar=tof=feln, Käu=fer, Karl, Kalk.

Karl setzt die Müt=ze auf den Kopf. — Ka=ro=li=ne trägt den Korb am Arm. — Der Krebs krab=belt im Was=ser. — Die Kat=zen krat=zen.

Fragen und Aufg.! —

45.

t,  T.

schr, tr, — rf, lg, ft, cht, kt, bt, pf, mpf.

(handwritten script line)

der, die, das; — ein, eine, ein.

Tag, Ta=ge, Tisch, Ti=sche, Teich, Tei=che, Topf, Töp=fe, Traum, Träu=me, Trift, Trif=ten, Ta=sche, Ta=schen, Tas=se, Tas=sen, Trau=be, Trau=ben, Trop=fen, Trich=ter, Tod, Teig, Torf, Takt.

Die Tas=se ist rund. — Wir schrei=ben oft im Takt. — Der Hirt treibt das Rind auf die Trift. — Aus dem Trau=ben=saft macht man Wein. — Wer? —

Fragen und Aufg.! —

46.

𝔓,   𝔓

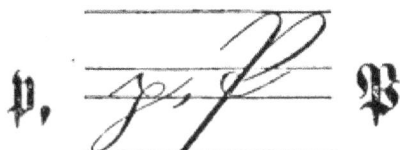

pl, pf, pfl, pr, tr, — rd, rt, lt, cht, gt, tz, gst.

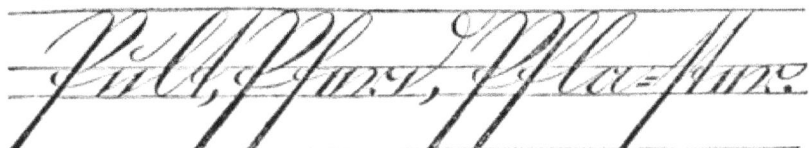

(Schreibschrift: Pult, Pferd, Pflanzung.)

der, die, das; — ein, eine, ein.

Pult, Platz, Pre=digt, Pferd, Pfund, Pflug, Pflan=ze, Pup=pe, Pfei=ler, Pfar=rer, Pfef=fer, Trop=fen.

Das Pferd trägt den Rei=ter. — Die Mäd=chen ha=ben gern Pup=pen. — Die Pup=pe plau=dert nicht.

Pup=pe, Pup=pe, Pup=pe!
Magst du kei=ne Sup=pe?

Fragen und Aufg.! —

47.

ℨ,   ℨ.

kl, gr, zw, pf, — rn, rz, lt, cht.

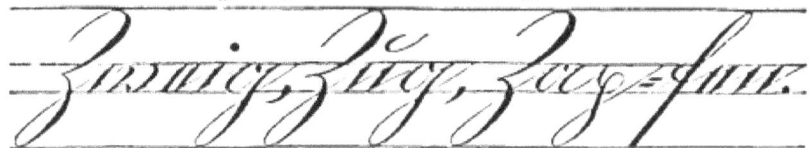

(Schreibschrift: Zweig, Zug, Zaun.)

der, die, das; — ein, eine, ein.

Zaun, Zaum, Zeug, Zelt, Zeit, Zweig, Zwerg, Zei=chen, Zim=mer, Zap=fen, Zip=fel, Zorn, Zucht, Zwirn, Pfef=fer, Pfar=rer, Pflau=me, Pflan=ze, Trop=fen.

Der Zweig grünt. — Mei=ne Schür=ze hat un=ten zwei Zip=fel. — Der Zwerg ist klein. — Ein klei=ner Berg ist auch nur ein Zwerg. — Wa=rum? —

Fragen und Aufg.! —

48.

qu, *handwritten cursive* **Qu (kw).**

kl, kr, — ft, lm, rl, rg, rt.

handwritten cursive line

quer, quä=len, qua=ken, quet=schen, quel=len, be=quem, qual=men, quir=len, quit=ti=ren.

der, die, das; — ein, eine, ein.

Qual, Qualm, Quirl, Quel=le, Qua=sten, Zwerg.

Die Frö=sche qua=ken, — Wo? — Mei=ne Schu=he sind be=quem. — Wem? — Die Lam=pen qual=men oft. — Der Vater quit=tirt. — Was? —

Quel=le, Quel=le, Quel=le,
Klei=ne, klei=ne Wel=le! —

Fragen und Aufg.! —

49.

x, *handwritten cursive* **X (ks).**

pl, — nd, lt, ßt, rt, kt.

handwritten cursive line

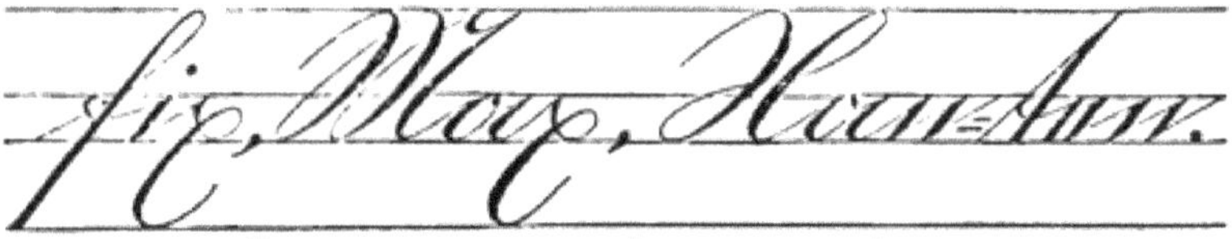

fix, he=xen, ve=xi=ren, ta=xi=ren.

der, die, das; — ein, eine, ein.

Max, Axt, Bur=baum, He=xe, Xan=ten, E=xem=pel.

Es sind keine He=xen in der Welt. — Ve=xi=ren heißt pla=gen, quä=len o=der zer=ren. — Wir sind jetzt fix und fer=tig. — Womit? —

50.

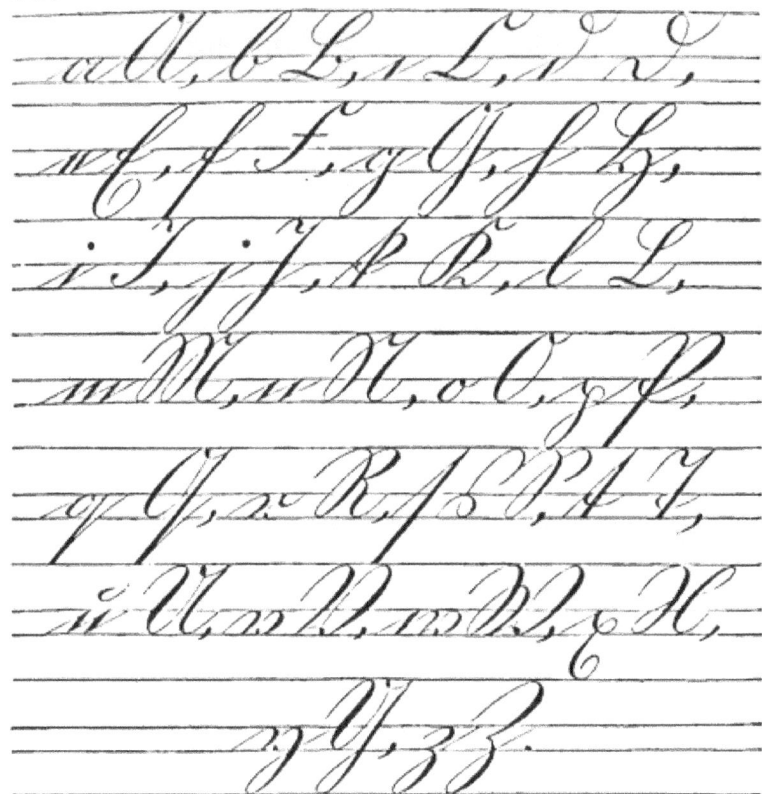

Selbstlaute:

a, e, i, o, u, — ä, ö, ü,

ei, ai, au, äu, eu.

Mitlaute:

b, c, d, f, g, h, ch, k, l,
m, n, p, q, r, ſ, s, ß,
ſſ, ſch, ſt, t, v, w, r, z.

Aufg.: Abſchreiben und Auswendiglernen! —

Ziffern:

Zweiter Abschnitt.

Die Schärfung und Dehnung des Selbstlautes.

A. Die Schärfung.

1. **nn, mm.**

wann, dann, kann, wenn, dünn, Mann, Kinn, Zinn, Tanne, Kanne, Tonne, Sonne, Donner, Rinne, Tenne, rennen, nennen, können; — dumm, komm, fromm, nimm, schlimm, Kamm, Lamm, Hammer, Kammer, Schimmel, Himmel, Zimmer, Sommer, immer, nimmer, brummen, trommeln.

Der Halm ist dünn. — Wir können unsere Namen nennen. — Aus dem Tannenholz kann man Namen und Tonnen machen. — Das Lämmchen hüpft auf der Weide. — Im Sommer scheint die Sonne oft heiß.

Aufg.: 1. Schreibet aus den Wörtern diejenigen auf, welche **Dinge** bedeuten, —Ein- und Mehrzahl—und setzet der, die, das, oder ein, eine, ein davor!

  „ 2. Schreibet aus den Sätzen zuerst diejenigen Wörter auf, worin **nn** —dann die, worin **mm** steht, und unterstreichet die Verdoppelung des Mitlautes!

  „ 3. Schreibet aus den Wörtern und Sätzen bloß die mehrsilbigen Wörter auf und trennt sie so: Tan-ne, Kan-ne u. s. w.

2. **rr, ll.**

dürr, Herr, Geschirr, Karre, irren, girren, murren, klirren, dörren, scharren; — voll, soll, hell, will, Fell, Null, Zoll, Schall, Elle, Welle, Wille, Wolle, Rolle, Teller, fallen, schallen, sollen, wollen, rollen, füllen.

Wenn das Gras dürr ist, nennt man es Heu. — Wir dürfen nicht scharren. Womit? — Die Fenster klirren. — Wann ist die Tonne voll? — Wann sind alle Teller rein? — Die Welle kommt schnell von der Stelle.

Aufg.: 1. Wie 1. Nr. 1.

  „ 2. Schreibet aus den Sätzen die Wörter auf, welche einen doppelten Mitlaut haben.—Unterstreichen!—

  „ 3. Schreibet aus den Wörtern und Sätzen die mehrsilbigen Wörter getrennt auf, so: Kar-re, ir-ren u. s. w.

3.   ## ff, ſſ (ß), gg.

puff, Muff, Schiff, Schiffer, Affe, Scheffel, Löffel, Waffen,
Ziffer, Griffel, offen, hoffen, schiffen, schaffen, gaffen; —
essen, messen, lassen, fassen, wissen, Tasse, Gasse, Messer,
Kessel, Kissen, naß, blaß, iß, laß, Roß, Biß, Baß, Schuß,
Fluß; — Egge, eggen, Roggen, Dogge, Flagge.

Wer hat schon ein Schiff gesehen? — Die Affen brauchen
beim Essen keinen Löffel. — In den Fässern ist Wein, Bier,
Essig oder Wasser. — Mit dem Griffel kann ich Ziffern
schreiben. Worauf schreibt man mit dem Griffel? —
Aufg.: Wie unter Nr. 1 und 2!

———

4.   ## tt, pp, bb.

satt, matt, Bett, Gott, Schutt, Bitte, Latte, Ratte, Kette,
Wetter, Vetter, Dotter, Futter, Butter, Mutter, bitter, bitte;
— Lippe, Rippe, Suppe, Puppe, Pappe, Kappe, Pappel,
Lappen, Schoppen, Galopp; — krabbeln, quabbeln.

Im Ei ist ein Dotter. — Die Mutter macht Butter. —
Er hat eine schöne Kette. — Ich esse die Suppe mit dem
Löffel. — Lotte und Henriette kleiden die Puppen an.

Hopp, hopp, hopp —
Pferdchen, lauf Galopp!

Aufg.: Wie Nr. 1 und 2!

———

5.   ## tz, ck (ff).

Sitz, Satz, Netz, Putz, Platz, Katze, Mütze, Hitze, putzen,
putzt, sitzen, sitzt, schwitzen, schwitzt, wetzen, wetzt, nützen,
nützt, jetzt; — dick, Rock, Bock, Sack, Lack, Ecke, Mücke,
Hecke, Hacke, Bäcker, Rücken, Brücke, backen, backen, schicken,
picken, pickt; — flicken, flickt, pflücken, pflückt.

Die Katze putzt sich jetzt. — Wir setzen die Mützen ab.
Wann? — Aus der Wolke kommt der Blitz. — Die Bäcker

backen Brod. — Der Mann backt mit der Hacke. — Eine Glocke von Zucker tönt nicht.

Aufg.: 1. Wie 1. Nr. 1!
„ 2. Wie 2. Nr. 2!
„ 3. Schreibet die mehrsilbigen Wörter auf und trennt sie so, wie ihr sie langsam aussprecht, z. B.: Kat-ze, Es-se, Müt-ze u. s. w.

B. Die Dehnung.

6. aa, ah, äh, — oo, oh, öh.

Aal, Aas, Saal, Saat, Paar, baar, Haare, Waare; — kahl, lahm, zahm, wahr, Kahn, Bahn, Zahn, Zahl, Hahn, Jahr, Pfahl, Fahrt, Fahne, Gefahr, Wahrheit, mahlen, verwahren; — Aehre, Mähne, Zähne, Kähne, nähen, mähen, zählen, ähnlich, jährlich; — Moos, Boot, Moor, Schooß, Loos, loosen; — Ohr, Sohn, Lohn, Kohl, roh, hohl, Kohle, Sohle, Bohne, bohren, wohnen; — Ohr, Röhre, Möhre, Höhle, gewöhnen.

Der Aal ist ein Fisch. — Die Saat ist grün. — Der Kaufmann kauft die Waare für baares Geld. — Der Hahn hat einen Kamm. — Der Hund hat scharfe Zähne. — Das Moos ist immer grün. — Die Möhren wachsen im Garten und auf dem Felde. — In dem Wohnhause wohnen Vater und Mutter, Söhne und Töchter.

Aufg.: 1. Wie 1. Nr. 1!
„ 2. Schreibet aus den Sätzen die Wörter auf, welche aa, ah, äh, — oo, oh oder öh haben — dann die, welche einen doppelten Mitlaut haben! — Unterstreichen!
„ 3. Schreibet die mehrsilbigen Wörter getrennt auf, gerade so, wie ihr sie langsam aussprecht, z. B.: Haa-re, Fah-ne, nä-hen u. s. w.

---

7. ee, eh, — uh, üh.

leer, scheel, See, Beet, Meer, Schnee, Klee, Seele, Kaffee; — zehn, sehr, mehr, lehren, Lehrer, befehlen, Befehl, fehlen, Fehler, wehren, Gewehr; — Kuh, Uhr, Huhn, Ruhm, Schuhe, ruhen, Ruhe, ruht; — kühl, kühn, Kühe, Mühle, fühlen, Gefühl, rühmen, blühen, blüht, Blüthe.

Der Schnee ist weiß. — Die Beere ist eine Frucht. — Das Meer ist tief. — Der Lehrer lehrt. Wen? — Die Kuh ruft: „Muh, muh!" — Des Nachts ruhen wir im Bette. — Die Hühner legen schöne Eier. — Die Blume blüht auf dem Beete. — Die Blüthe der Blume ist schön. — Die Blüthe ist verblüht.

Aufg.: 1. Wie 1. Nr. 1!

„ 2. Schreibet aus den Sätzen die Wörter auf, worin ein gedehnter Selbstlaut — dann die, worin ein doppelter Mitlaut steht.

„ 3. Aufschreiben und Trennen der mehrsilbigen Wörter! —

---

8. ie, ih, ieh.

nie, wie, sie, die, viel, fiel, vier, lieb, tief, schief, sieben, rieseln, Bier, Dieb, Liebe, Riegel, Lieder, Riemen; — ihr, ihn, ihm, ihre, ihnen; — ziehen, zieh', fliehen, flieh', sehen, sieh', leihen, leih', lieh, geliehen, Vieh.

Das Wasser rieselt über die Wiese. — Mina macht eine böse Miene. — Ich liebe ihn und sie. Wen? — Das ist ihr Buch. — Wer stiehlt, ist ein Dieb. — Sieh' die Fliege! — Das Vieh ist durstig. — Mit dem Lineale zieht man Linien. Worauf? — Sie geben ihm ein Butterbrod. Wer giebt ein Butterbrod? Wem? —

Aufg.: Wie vorhin!

---

9. eih, auh, — th, ß.

leihen, leiht, seihen, seiht, reiben, reibt, Reibe, Seibe, Weiber; — raub; — roth, Loth, Muth, Nath, Noth, Pathe, thun, Thee, Thür, Thier, rathen, miethen, gethan, Fluth, Blüthe, Thräne, verrathen; — süß, heiß, bloß, groß, Schooß, Fuß, Gruß, weiß, weißen, reißen, beißen, heißen, schießen, fleißig, Meißel, Weißbrod.

Die Magd seiht die Milch durch die Seihe. Warum? — Der Draht ist dünn. — Wir thun es gerne. Was? — Der Zucker schmeckt süß. — Ich habe zwei Füße. — Wir heißen Schulkinder. — Esset ihr auch gerne Weißbrod?

Aufg.: Wie vorhin!

10. Karo.

Die Katze lag auf dem Hofe im Sonnenschein. Karo kam aus dem Garten. So wie er die Katze sah, schrie er: „wau, wau!" und wollte sie beißen. Die Katze schrie vor Schrecken: „miau!" und lief weg. Anna saß vor der Thüre. Sie rief: „mis, mis, mis!" Da kam die Katze zu ihr. Sie nahm sie auf den Schoß und breitete die Schürze über sie. Karo lief wieder in den Garten und jagte die fremden Hühner von den Beeten.

Aufg.: 1. Schreibet aus diesem Lesestücke alle Wörter auf, welche Dinge bedeuten!
„ 2. Schreibet alle Wörter auf, welche einen doppelten Mitlaut — dann die, welche einen gedehnten Selbstlaut haben!
„ 3. Schreibet das Lesestück ab und trennt die mehrsilbigen Wörter, z. B.: Die Kat-ze lag auf dem Ho-fe u. s. w.

11. Kätzchen und Mäuschen.

Ein Mäuschen saß in seinem Loch.
Das Kätzchen saß davor.
Lieb Mäuschen komm, komm näher doch!
Lieb Mäuschen komm hervor!
Ich geb' dir Zucker, so weiß, so süß,
Viel Nüßchen auch vollauf. —
Das Mäuschen sich bethören ließ. —
Das Kätzchen fraß es auf.

Aufg.: Wie Nr. 10! —

12. Die Kuh.

Marie saß vor der Thüre bei der Mutter. Die Kühe kamen von der Weide nach Hause. Da sagte Marie zur Mutter: Ich weiß einen schönen Vers von der Kuh. Den habe ich in der Schule gelernt. Er heißt so:

Muh, muh, muh!
So ruft die bunte Kuh.
Wir geben ihr das Futter,
Sie giebt uns Milch und Butter.
Muh, muh, muh!
So ruft die bunte Kuh.

Aufg.: Wie Nr. 10! —

Dritter Abschnitt.

Die Andersschreibung oder die Verschiedenheit der Aussprache und Schreibung einiger Laute.

1.

ch, g.

(Gaumenhauch nach a, o, u und au.)

ach, Dach, Tag, hoch, sog, zog, log, Loch, Buch, Tuch, Pflug, klug, schlug, machen, Magen, Sachen, sagen, wachen, Wagen, Woge, Woche, Bogen, pochen, suchen, fluchen, auch, Bauch, taugen, tauchen, saugen, hauchen.

ch, g.

(Zungenhauch nach l, ä, e, ö, ü, ei, ai, eu und äu.)

ich, dicht, nicht, nichts, kriegen, fliegen, mächtig, prächtig, recht, brechen, segnen, mögen, möchten, Töchter, Bücher, lügen, tüchtig, flüchtig, reich, zeigen, Zeichen, laichen, euch, Zeug, beugen, feucht, leuchten, läugnen, räuchern.

Michel, wo bin ich? — Such mich, rasch, such! — O, ich höre schon, wo du bist, nun sehe ich dich auch, da bist du ja, da, da! — Ich bin da, du bist auch da, beide sind wir da! ha! ha! ha! —

Aufg.: 1. Schreibet aus den Wörtern die auf, welche Dinge bedeuten!
„ 2. Schreibet aus den Wörtern die auf, worin ein **ch** — dann die, worin ein **g** steht! Unterstreichen! —
„ 3. Schreibet aus den Sätzen die Wörter auf, worin **ch** oder **g** ein Gaumenhauch — dann die, worin **ch** oder **g** ein Zungenhauch ist! —

2.

ng, nk.

(n vor k wie ng.)

bang, lang, jung, Ding, Ring, Klang, singen, bangen, fangen, drängen, Gesang, Finger, Klänge, Gefängniß, Gedränge, Pfingsten; — krank, flink, trink, Bank, Dank, Zank, Trank, Wink, Schrank, Punkt, trinken, denken, danken, zanken, winken, schenken, Geschenk, Getränk, Gezänk.

4

Goldfingerlein, mußt nicht eitel sein!
Der Ring von Gold macht Niemand hold.

Fisch, Fisch, Fisch,
Trink nur flink und frisch!

Aufg.: 1. Wie 1. Nr. 1!
„ 2. Schreibet alle mehrsilbigen Wörter auf, worin ein **ng** steht, und trennt sie so: fing = en, u. f. w.
„ 3. Schreibet die mehrsilbigen Wörter auf, worin ein **nk** steht, und trennt sie so: trin = ken u. f. w.

---

3. ſt, ſp.
(Vorn an der Silbe wie ſcht — ſchp.)

steif, still, stark, stumpf, Stock, Stuhl, Stein, Stadt, Stube, Stunde, Stimme, Stelzen, stehen, stoßen, stechen, streicheln, stehlen, sterben; — spät, spitz, Speck, Spatz, Spitz, Spiegel, Sperling, Speichel, Sprache, Sprichwort, spinnen, speisen, spielen, spucken, sprechen, springen. —

Mond und Stern, mir so fern,
Mond und Stern, hab' euch gern.

Aufg.: 1. Wie Nr. 1!
„ 2. Schreibet aus den Wörtern und Sätzen die mehrsilbigen Wörter auf und trennt sie! —

---

4. ph.
(Wie f.)

Joseph, Adolph, Rudolph, Philipp, Philippine, Pharao, Pharisäer, Sophie, Stephan, Prophet, Alphabet.

Joseph und Philipp sind Namen für männliche Personen. — Josephine und Philippine sind Namen für weibliche Personen. — Alle Buchstaben zusammen nennt man das Alphabet. —

Aufg.: Wie Nr. 3!

---

5. c, C.
(Vor a, o, u, au und allen Mitlauten wie k.)

caput, curios, Camille, Capelle, Caplan, Cattun, Clavier, Caserne, Consonant, dictiren, Doctor, Vocal.

c, C.
(Vor e, i, ä und ö wie z — sonst wie k.)

Centner, Citrone, Cider, Civil, Cäcilia, Centrum, Cisterne,
Recept, Medizin, December, Concert, Crucifir.

Ein Vocal ist ein Selbstlaut. — Ein Consonant ist ein
Mitlaut. — Der Centner ist schwer. — Das Concert ist aus.
— Die Citrone ist frisch.
Aufg.: Wie vorhin!

---

6. ch, Ch.
(Wie k.)

Chor, Christ, Christen, Christus, christlich, Christian, Chri=
stine, Christoph, Choral, Charfreitag, Charwoche.

Christus starb am Kreuze. — Am Charfreitag feiern die
Christen das Andenken an das Leiden und Sterben Jesu
Christi. — Der Choral ist ein Kirchengesang. —
Aufg.: Wie vorhin!

---

7. ch s.
(ch vor s wie k.)

sechs, Ochs, Fuchs, Dachs, Lachs, Wachs, Flachs, Büchse,
Achsel, Wichse, Eidechse, wachsen, wichsen, wechseln, drechseln.

Sechs ist mehr als fünf. Um wie viel? — Der Lachs ist
ein Fisch. — Das Wachs brennt. — Auf dem Felde wächst
der Flachs. — Der Fuchs stiehlt Enten und Hühner.
Aufg.: Wie vorhin!

---

8. ti.
(Vor allen Selbstlauten wie zi.)

Nation, Portion, Patient, Pontius, Nation, Station.

Wir essen eine Portion Kartoffeln. — Das Pferd erhält
eine Ration Heu und Hafer. — An der Eisenbahn sind viele
Stationen, das heißt Haltestellen. —
Aufg.: Wie vorhin!

---

9. y, Y.
(Wie i.)

Der Buchstabe y, Y heißt Ypsilon und wird wie i aus=
gesprochen. — Der Cylinder ist eine Walze. —

10. Aehnlich- und gleichlautende Wörter.

Alle, Allee; Art, Achse; bang, Bank; Bund, bunt; Beete,
bete; Blüthe, blühte; dringen, trinken; den, denn; denen,
dehnen; Ende, Ente; fingen, Finken; fiel, viel; Feld, fällt;
Gans, ganz; Herr, her; Häute, heute; ißt, ist; kriechen,
kriegen; Leute, läute; Macht, Magd; Mann, man; Namen,
nahmen; Pferd, fährt; Ruthe, ruhte; singen, sinken; Gesang,
sang, sank; sagte, sachte; Seite, Saite; Ställe, Stelle; Teich,
Teig; Trift, trifft; Uhr, ur; wen, wenn; Wetter, weder;
wahr, war; wieder, wider; Zeichen, zeigen; Zehen, zehn;
sangen, zanken; Zahl, Saal.

Aufg.: 1. Schreibet aus diesen Wörtern die auf, welche D i n g e bedeuten! —
„ 2. Schreibet alle Wörter auf und trennt die mehrsilbigen! —

11. Eine Maus.

Eine Maus, eine Maus! Mis, mis, mis!
Katze, wo bist du? Rasch, lauf zu, mis!

Ach nun ist es zu spät. Da ist das Loch, da ist sie drin!
aber du kommst nicht hinein. Das Loch ist zu klein, und dein
Kopf ist zu groß. So, im Loche ist es hübsch für die Maus.
Horch, was ist das: pip pip pip pip. Da sind junge Mäuschen drin, höre nur! Wie freuen sie sich, daß die Mutter
wieder da ist. Es ist doch gut, mein Kätzchen, daß du die alte
Maus nicht gefangen hast.

Aufg.: 1. Schreibet aus diesem Lesestück alle Wörter auf, welche Dinge bedeuten!
„ 2. Schreibet das ganze Lesestück ab und trennt die mehrsilbigen Wörter! —

12. Mein Kätzchen und mein Hündchen.

Kätzchen, wenn du vom Speck naschst, und keine Maus fängst,
bekommst du nie wieder Milch von mir. Mausen sollst du, aber
nicht stehlen. Ein Jäger sollst du sein, aber kein Dieb. —
Mein Hündchen, du jagst fleißig die Hühner aus dem Garten.
Kommt Nachts ein Dieb, dann bellst du recht laut und weckst
den Vater. Gehst du auf die Straße, so darfst du kein Kind
beißen, und dich selber mußt du von dem großen Karo nicht
beißen lassen. Spielst du mit der Katze, so laß dich nicht kratzen,
sondern paß auf, wann sie aus dem Pfötchen eine Tatze macht.

Aufg.: 1. Wie Nr. 11! —

13. Die lateinische Druckschrift.

Das Alphabet.

a b c d e f g h i j k l m n o
a b c d e f g h i j k l m n o
a b c d e f g h i j k l m n o

p q r ſ s ſſ t u v w x y z
p q r s ss t u v w x y z
p q r s ss t u v w x y z

A B C D E F G H I J K L M N
A B C D E F G H I J K L M N
A B C D E F G H I J K L M N

O P Q R S T U V W X Y Z
O P Q R S T U V W X Y Z
O P Q R S T U V W X Y Z

---

14. Das Steckenpferd.

(Lied.)

1. Hopp, hopp, hopp! Pferdchen, lauf Galopp über Stock
und über Steine, rühre nur recht flink die Beine! Immer im Galopp, hopp, hopp, hopp, hopp, hopp!

2. Tipp, tipp, tapp! wirf mich ja nicht ab! Zähme deine
wilden Triebe, Pferdchen, thu' mir das zu Liebe: wirf
mich ja nicht ab! Tippti, tippti, tapp!

3. Pittschi, patsch! Klatsche, Peitsche, klatsch! Musst
recht um die Ohren knallen! Ha! das kann mir recht
gefallen! Klatsche, Peitsche, klatch! Pitsche, pitschi,
patsch!

4. Br, br, he! Pferdchen, steh jetzt, steh! Sollst schon
heute weiter springen, muss dir nur erst Futter bringen. Steh doch, Pferdchen, steh! Br, br, br, br, he!

Aufg.: Wie Nr. 11! —

Vierter Abschnitt.

Kleine Beschreibungen und andere Lesestücke als Grundlage des Anschauungs - Unterrichts, und Gedichtchen zum Auswendiglernen.

I.

1. Die Schule.

1. Ich gehe gern in die Schule. In der Schule ist es schön. Da sind viele Kinder friedlich beisammen. Wie hübsch und rein sie alle sind! Wie froh und munter sie vom Spielplatz in die Schule eilen! „Eins, zwei, drei!" zählt der Lehrer, und Jedes sitzt ruhig auf seiner Stelle. Das Spielen hört auf; die Arbeit fängt an.

2. Flink und leise holen die Kinder ihr Lesebuch hervor. Jedes muß lesen. Da merkt der Lehrer bald, wer zu Hause fleißig gewesen ist. Das Kind, das gern das Ganze lesen möchte, das nachzeigt, wenn Andere lesen, das sein Buch so hübsch rein hält: — das Kind sieht den Lehrer freundlich an und ist sicher fleißig gewesen. — Vom Lesen geht's an's Schreiben. Da muß man gut auf die Linien sehen, so werden bald die Buchstaben schön. — Dann kommt Rechnen. Das macht mir Spaß. Jedes will zuerst die Antwort haben. Wie flink die Finger sich heben! Auch der Lehrer hat Freude d'ran. Und wenn wir Kinder nun Alles gut und recht gemacht, so erzählt uns der Lehrer noch Etwas.

3. Er erzählt uns von fleißigen, guten Kindern, wie sie tüchtige Menschen geworden sind und viel Gutes gethan haben; von der Erde, wie groß und schön sie ist; von Sonne, Mond und Sternen, wie groß und weit entfernt sie sind, und vom lieben Gott, der Alles so schön gemacht hat. Da möchte ich gern immer zuhören. Aber schnell sind die Schulstunden dahin. Schon schlägt die Uhr zum

Schluß. Der Lehrer giebt uns eine Hausaufgabe, und ruhig und ordentlich geh'n wir nach Hause. Auf dem Wege denke ich oft:—

O, wie ist es schön
In die Schule geh'n
Und was lernen drin!
Auf des Lehrers Rath,
Der so lieb uns hat
Hören, bringt Gewinn!   Hermanns.

Aufg.: 1. Schreibe auf Namen von Dingen, welche in der Schule sind.
2. Schreibe das Verschen ab, und lerne es auswendig.

---

2. Der dumme Hans.

Hans wollte nichts lernen: — „Ich bin ja noch klein;
Wenn ich größer bin, will ich schon fleißiger sein."
Das bleibt ein Dummkopf, der jung so spricht:
Hans wurde wohl größer, doch fleißiger nicht.   Dinter.

Aufg.: Abschreiben und Auswendiglernen! —

---

3. Knabe und Hündchen.

Knabe:—Komm nun, mein Hündchen, zu deinem Herrn!
　　　　Ordentlich g'rade sitzen lern!

Hündch.:—Ach, soll ich schon lernen und bin so klein!
　　　　O, laß es doch noch ein Weilchen sein!

Knabe:—Nein, Hündchen, es geht am besten früh
　　　　Denn später macht es dir große Müh'!

Das Hündchen lernte; bald war's gescheh'n, da konnt' es schon sitzen und aufrecht geh'n, getrost in das tiefste Wasser springen und schnell das Verlorne wiederbringen. Der Knabe sah seine Lust daran, lernt' auch und wurde ein kluger Mann.   Hey.

Aufg.: Abschreiben und Auswendiglernen! —

---

4. Lerne was, so kannst du was.

1. Hans kam aus der Schule und sollte ein Verschen lernen. Da kam Karl, holte den Hans, und beide Knaben liefen auf die Straße und spielten. Hans steckte sein Buch in die Tasche und lief und sprang auch mit; aber das Verschen kam nicht in den Kopf. Als es finster ward, ging Hans nach Hause, aß Brod und Butter und

legte sich in das Bett.   Hans nahm das Buch mit zu Bett und legte es unter den Kopf.

2. Um sieben Uhr stand Hans erst auf.   Das Buch war ganz krumm und schief geworden; aber das Verschen stand immer noch nicht im Kopfe. — Hans kam in die Schule.   Die Kinder sagten dem Lehrer das Verschen; nur Hans konnte es nicht hersagen.   Da wurde er roth, konnte den Lehrer nicht ansehen und mußte sich schämen.

„Lerne was, so kannst du was.“

Aufg.: Abschreiben! — _____ Thomas.

5. Die Feder.

1. Feder, das ist nichts Schönes von dir, daß du so ungeschickt bist bei mir; schreibst mit der Schwester so schön und geschwind, bei mir es nur Hühnertrappen sind.   Komm, Feder, gieb dir rechte Müh', daß ich auch so schön schreiben kann, wie sie!

2. Die Feder sagte nicht ein Wort; sie machte still ihre Striche fort. Das Kind auch führte sie ganz sacht bei jedem Buchstaben mit Bedacht; bald standen alle die Zeilen da, daß Jeder d'ran seine Freude sah.

Aufg.: Abschreiben und Auswendiglernen! — Ney.

II.

6. Die Eltern.

1. Aus der Schule gehe ich nach Hause.   Da warten schon Vater und Mutter, auch Bruder und Schwester, auf mich.   Vater und Mutter sind meine Eltern.   Bruder und Schwester sind meine Geschwister.   Alle zusammen, Eltern und Kinder, machen eine Familie. Die Eltern haben die Kinder lieb.   Sie sorgen für die Kinder und thun ihnen viel Gutes.   Alles erhalten die Kinder von den Eltern: Essen und Trinken und schöne, warme Kleider; ein Bett, worin sie schlafen; ein Haus, worin sie wohnen; schöne Spielsachen zum Spielen; gute Bücher zum Lernen, und noch viel mehr, was ihnen Freude macht.

2. Und weißt du noch mehr, was die Eltern dir thun?   Wer bleibt bei dir, wenn du krank bist?   Wer ruft den Arzt?   Hast du schon gesehen, wie es der Mutter leid thut, wenn dem Kinde was fehlt?

Die Eltern freu'n sich, wenn das Kind sich freu't; sie sind betrübt, wenn ihr Kindlein klagt. Das größte Leid haben die Eltern aber dann, wenn ein Kind böse ist; denn sie wissen, daß böse Kinder nicht gute Menschen werden. Böse Kinder hat Niemand gern. Darum schicken die Eltern die Kinder in die Schule, damit sie viel Gutes lernen und gut werden. Nur guten Kindern geht es wohl, wenn sie einmal groß sind.

3. Ich will ein gutes Kind sein. Meine Geschwister will ich lieben und keinem Kinde etwas zu Leide thun. In der Schule will ich fleißig lernen. Dann mache ich dem Lehrer Freude, und meine guten Eltern freuen sich am meisten.   Hermanns.

Aufg.: 1. Schreibe Namen auf von Dingen, welche die Eltern dir geben! —
2. Wie muß ein Kind sein? Schreibe: Ein Kind muß fleißig sein, u. s. w.

7. Zum Geburtstage der Mutter.

1. Von Liebe bewegt
Und Dankbarkeit: —
Zur Freude erregt,
Grüß' Dich ich heut.

2. Wie warst Du mir gut
Lieb Mütterlein!
Was Mutterlieb' thut,
Seh' heut' ich ein.

3. Da wünsch' ich nun mir,
Schon groß zu sein:
Wie wollt ich dann Dir
Viel Liebe weihn.

4. Jetzt bin ich noch klein;
Doch sollst Du sehn,
Wie gut ich will sein,
Dich froh' zu sehn.

5. Viel Gutes wünscht heut,
Aufs allerbest',
Dir Anna erfreut
Zum frohen Fest.   Hermanns.

Aufg.: Abschreiben und Auswendiglernen! —

8. Zum Geburtstage des Vaters.

1. Zu Dir tritt heut',
Das Herz voll Freud',
Dein Kind mit frohem Sinn.—
Des Kindes Gruß,
Der Liebe Kuß,
Sei Dank:—O, nimm ihn hin!

2. Sei glücklich heut',
Und allezeit
Erfülle Freude Dich!
Und was ich thu',
Es helf' dazu,
Daß stets Du liebest mich!

Aufg.: Abschreiben und Auswendiglernen! —   Hermanns.

9. Die guten Geschwister.

1. Karl, Anna und Otto waren artige, muntere Kinder. Eines Tages sollten sie mit dem Vater in die Stadt gehen, um ihre kleinen Vettern zu besuchen. Die Kinder freuten sich darüber sehr und hüpften voll Freude in der Stube umher. Auf dem Tische stand ein schönes Glas, welches der Vater sehr werth hielt. Unvorsichtiger Weise stieß Otto an den Tisch; das Glas fiel zur Erde und zerbrach. Otto ging hinaus und weinte.

2. Da ging Anna zum Vater und sagte zu ihm: „Lieber Vater, ich habe dein Glas zerbrochen, sei doch nicht böse!" „Böse," antwortete der Vater, „bin ich nicht; aber wegen deiner Unvorsichtigkeit mußt du heute zu Hause bleiben." Still, aber frohen Herzens, ging Anna und tröstete ihren kleinen Bruder Otto. Sie sagte aber nicht, was sie gethan.

3. Bald kam der Vater, die Kinder abzuholen. Als nun Otto erfuhr, warum Anna zu Hause bleiben sollte, sagte er: „Nicht Anna, lieber Vater, ich muß zu Hause bleiben, denn ich habe das Glas zerbrochen." Der Vater aber küßte seine Kinder und sprach gerührt: „Ihr sollt Alle mit mir gehen, weil ihr euch so lieb habt."

„In Lieb' und Eintracht sollen schön
Geschwister mit einander geh'n."

Hermanns.

Aufg.: Schreibe das Verschen ab und lerne es auswendig! —

10. Bruder und Schwester.

Br.: — Sieh', Schwesterchen, den schönen Apfel hier!
    O komm und iß ihn doch mit mir!

Schw.: Nein, Brüderchen, behalt ihn nur allein;
    Für Beide ist er gar zu klein.

Br.: — Hier, nimm! so schmeckt mein Theil mir besser,
    Als wär' der Ganze zehnmal größer.

Hermanns.

Aufg.: Abschreiben und Auswendiglernen! —

11. Folgen des Ungehorsams.

1. Jakob war ein munterer Junge; aber er hatte einen schlimmen Fehler. Wenn sein Vater, oder seine Mutter, oder seine Lehrer ihm etwas verboten, so vergaß er es den Augenblick wieder und that es doch. Auch wollte er immer erst die Ursache wissen, warum ihm

Dieses oder Jenes verboten würde. Und das kann man Kindern doch nicht immer begreiflich machen. Hört, wie es ihm einmal gegangen ist!

2. Er wollte eines Tages zur Schule gehen, und es hatte die Nacht stark gefroren. Beim Weggehen rief ihm der Vater nach: „Jakob, gehe heute ja nicht auf's Eis!" Aber Jakob ließ dieses Verbot zu einem Ohr hineingehen und zum andern Ohr hinaus. Er war kaum beim Teiche angekommen, als er der väterlichen Warnung vergaß und sich darauf wagte.

3. Der Vater hatte ihm nachgesehen, und da er die Gefahr erblickte, worin Jakob war, rief er ihm ganz erschrocken zu: „Jakob, Jakob herunter!"— Jakob hörte den Zuruf; aber anstatt sogleich zu gehorchen, blieb er auf dem knackenden Eise stehen und rief zurück: „Warum denn, Vater?" Der Vater wollte ihm die Ursache sagen; aber plötzlich brach das Eis. — Jakob mußte jämmerlich ertrinken.

4. Stellt Euch den Kummer seines armen Vaters und seiner armen Mutter vor!

> „Wenn deine Eltern dir was untersagen
> So folge, ohne erst: „warum?" zu fragen."

Aufg.: Abschreiben und das Verschen auswendig lernen! — Stephani.

12. Das Lämmchen.

1. Ein junges Lämmchen, weiss wie Schnee, ging einst mit auf die Weide; muthwillig sprang es in den Klee mit ausgelass'ner Freude.

2. Hopp, hopp, ging's über Stock und Stein mit unvorsicht'gem Springen. "Kind!" rief die Mutter, "Kind! halt ein, es möchte dir misslingen!"

3. Allein das Lämmchen hüpfte fort, bergauf, bergab in Freuden; doch endlich musst's am Hügel dort für seinen Leichtsinn leiden.

4. Am Hügel lag ein grosser Stein, den wollt es überspringen. Seht da! es springt und — bricht ein Bein: aus war nun Lust und Springen.

5. O liebe, muntre Kinder, schreibt dies tief in eure Herzen: Die Freuden, die man übertreibt, verwandeln sich in Schmerzen. Bertuch.

Aufg.: Abschreiben und Auswendiglernen! —

13. Der Lügner.

1. Franz hatte eine Tasse zerbrochen. Wäre er nun gleich zur Mutter gegangen und hätte sie wegen seiner Unvorsichtigkeit um Verzeihung gebeten, so wär's gar nicht so schlimm gewesen. Als aber die Mutter fragte: „Wer hat die Tasse zerbrochen?" — da sagte Franz, sein Schwesterchen habe dieselbe fallen lassen. So gewöhnte sich Franz nicht nur an's Lügen, sondern machte auch, daß seine Geschwister für das Böse, welches er gethan hatte, unschuldig bestraft wurden.

2. Doch traf ihn die größte Strafe am Ende selbst. Sein Lügen kam bald an den Tag, und nun glaubte ihm Niemand mehr ein Wort, selbst wenn er die Wahrheit sprach. Seine Geschwister und alle Kinder in der Schule ließen ihn allein; mit dem Lügner wollte Keiner Etwas zu thun haben. Jedermann verachtete Franz.

3. Eines Tages hörte Franz in der Schule das Verschen lesen:

„Wer an's Lügen sich gewöhnt,
Wird von aller Welt verhöhnt!"

4. Da wurde er im Gesichte feuerroth, weil alle Kinder ihn ansahen. Von der Stunde an gelobte er, stets nur die reine Wahrheit zu sagen; und er hat Wort gehalten.

„Die Wahrheit rede stets und wage nie zu lügen:
Die Menschen kannst du wohl, nie aber Gott betrügen."

Aufg.: Schreibe die Verschen ab und lerne sie auswendig! —   Hermanns.

14. Ich will nicht lügen.

1. Ein kleiner Knabe, Namens Georg, bekam einst von seinem Vater ein kleines Beil zum Geschenke. Das machte ihm viele Freude, und er spielte gern mit dem Beile, indem er Alles behackte, was ihm in den Weg kam.

2. Eines Morgens nun ging der Vater durch den Baumgarten. Da gewahrte er mit großem Leidwesen, daß einer der schönsten jungen Kirschbäume, die ihm besonders lieb waren, fast umgehackt war. Erzürnt rief der Vater seine Knechte herbei und fragte nach dem Thäter. Niemand wollte ihn nennen. Da kam der kleine Georg mit seinem Beile lustig daher gesprungen. Sogleich ahnte der Vater, daß der Knabe den Baum beschädigt habe. Er rief daher: „Georg, weißt du, wer mir den schönen Kirschbaum da verdorben hat?"

3. Der Knabe blickte den Vater eine Weile an, und als er die Betrübniß in dessen Gesicht wahrnahm, sagte er: „Ich will nicht lügen, Vater! Ich habe mit meinem Beile daran gehackt."

4. Da wurde des Vaters strenges Gesicht freundlich, und er sprach: „Du hast zwar Strafe verdient, aber deine Aufrichtigkeit ist mehr werth, als hundert Kirschbäume. Ich verzeihe dir, weil du nicht gelogen hast. Halte es so dein ganzes Lebenlang und rede nie Anderes, als die Wahrheit." Der kleine Georg machte es so. In vielen Vorfällen seines Lebens bewies er, daß es ihm unmöglich sei, eine Lüge zu sagen.

5. Und dieser kleine Georg, — was ist aus ihm geworden? — — Unseres Landes erster Bürger und Feldherr, und wenn du seinen Namen nennst, — er heißt **Georg Washington!** — so denke an diese Begebenheit und ahme ihm nach. —

> „Ueb' immer Treu' und Redlichkeit,
> Bis an dein kühles Grab,
> Und weiche keinen Fingerbreit
> Vom Weg' der Wahrheit ab!" Schnabel's Lesebuch.

Aufg.: Schreibe das Verschen ab und lerne es auswendig! —

---

15. Der Waisenknabe.

> Vor meines Vaters Thüre schlich
> Ein armer, armer Knabe sich
> Und weinte, ach! weinte so bitterlich.
> Er sprach: "Ach Gott! sie haben
> Mir Vater und Mutter begraben."
> Du guter Gott, wie dank ich dir,
> Noch liessest du Vater und Mutter mir!

Aufg.: Abschreiben und Auswendiglernen! —   Dinter.

III.

16. Das Haus.

1. Es war Winter. Der Wind brauste gewaltig daher. Er trieb die Schneeflocken wild durcheinander; er schüttelte die Bäume, daß sie knackten und krachten. Er rüttelte auch an Thüren und Fenster-

scheiben und polterte auf dem Dache und im Schornsteine, weil er mit Gewalt in's Haus wollte.

2. Im Hause saßen die Kinder in der warmen Stube bei Vater und Mutter. Sie sahen durch die Fensterscheiben, wie die Schnee= flocken durcheinander wirbelten und nicht Ruhe finden konnten auf Bäumen, Hecken und Zäunen, weil der Wind sie überall, selbst auf dem Dache und der Straße, wieder aufjagte.

3 „Wie gut ist es doch,“ sagte der Vater, „daß die Schindeln auf dem Dache dicht sind! Und hätte der Maurer den Schornstein nicht fest gebaut, und hätte der Zimmermann das Dach und die Thüren und Fenster nicht stark gemacht, und wären die Schlösser schlecht, daß der Wind herein könnte: — wie würden wir dann frieren müssen!“ „Und wie würde es uns erst geben, wenn wir bei solchem Wetter draußen sein müßten!“ fügte Emma hinzu. „Jetzt erkenne ich erst recht, wie schön es ist, in einem Hause zu wohnen, das uns vor Sturm und Regen schützt. Und wie freue ich mich, gute Eltern zu haben, die dafür sorgen, daß ich im Winter nicht friere!“ Karl fragte noch: „Aber, Vater, wie kann der Wind so stark sein? — ich sehe ihn ja nicht.“ „Der Wind,“ erwiderte der Vater, „ist Luft, und die kann man nicht sehen.“ Hermanns.

Aufg.: Schreibe Namen auf von Dingen, welche im Hause sind! —

---

17. Zufriedenheit.

1. Ich hab' ein kleines Hüttchen nur;
Es steht auf einer Wiesenflur,
Da ist es friedlich, ist es schön,
Komm, laß uns in das Hüttchen gehn.

2. Nicht Gold, nicht Seide ist darin,
Nach andern Schätzen steht mein Sinn,
Bin ich zufrieden, bin ich gut,
So hab' ich immer frohen Muth.

3. Ich wirke bei des Tages Licht,
Erwerbe mir, was mir gebricht;
Und bricht die stille Nacht herein,
Dann schlaf' mit meinem Gott ich ein.

Aufg.: Abschreiben und Auswendiglernen! — Thomas.

18. Nun rathet einmal?

Ich weiß ein bunt bemaltes Haus;
Ein Thier mit Hörnern schaut heraus,
Das nimmt bei jedem Schritt und Tritt
Sein Häuschen auf dem Rücken mit.
Doch rührt man an die Hörner sein,
Zieht's langsam sich in's Haus hinein.
Was für ein Häuschen mag das sein?

Aufg.: Abschreiben und Auswendiglernen! —

IV.

19. Die Hausthiere.

Ich habe schon viele Thiere gesehen: Pferde, Kühe, Ziegen, Schafe, Hunde, Katzen, Hühner, Enten, Gänse und Tauben. Wer kennt noch andere Thiere? — Viele Thiere nützen den Menschen. Das Pferd zieht den Wagen und den Pflug und trägt den Reiter. Die Kuh giebt uns Milch und Butter. Das Schaf giebt uns Wolle zu Strümpfen und andern Kleidern. Hühner, Enten und Gänse legen Eier, die wir essen. Die Tauben: — nun, wer hätte die nicht gern! Die Menschen füttern diese nützlichen Thiere und halten sie in ihrem Hause. Darum nennt man sie Hausthiere. Das Pferd kann laufen. Die Taube kann fliegen und die Ente schwimmen. Die Thiere können sich also von einem Orte zum andern bewegen. Die Bäume auch? —

Autg.: Schreibe Namen auf von Hausthieren! —   Maeters.

20. Das Pferd.

1. Das Pferd ist ein großes und schönes Thier. Es frißt am liebsten Hafer, Klee und Heu. Wenn das Pferd gut gefüttert und geputzt wird, so ist sein Haar glatt und glänzend, sein Schweif lang und seine Mähne schwach gekräuselt. Die Füße des Pferdes haben Hufe. Dieselben werden mit Eisen beschlagen, damit das Pferd auf steinigen Wegen und im Winter auf glatt gefrorenen Straßen gut gehen kann.

2. Das Pferd zieht den Wagen, die Karre, den Pflug, die Walze

und die Egge. Verständige Leute laden dem Pferde nicht mehr auf, als es ziehen kann, und mißhandeln es nicht mit der Peitsche. Ein Thier fühlt den Schmerz so gut, wie der Mensch. — Das Pferd wird auch zum Reiten gebraucht. Nach Raesters.

Aufg.: Wie ist das Pferd? — Schreibe: Das Pferd ist groß. — Das Pferd ist stark, u. s. w.

21. Die Kuh.

Die Kuh ist nicht so schön, wie das Pferd. Sie frißt Gras, Klee, Heu, u. s. w. Die Kuh frißt nicht so, wie das Pferd: sie wiederkäuet. Die Kuh ist ein sehr nützliches Thier. Wir alle wissen, daß Brod und Kartoffeln mit Butter weit besser schmecken, als ohne dieselbe. Und wer trinkt gern Kaffee oder Thee ohne Milch! Auch sagt die Mutter, daß Kuchen und Brod besser schmecken, wenn man Butter und Kuhmilch zwischen das Mehl thut. Und wie wohlschmeckend ist eine gute Rindfleischsuppe und ein Kalbsbraten! Aus der Haut der Kühe und Kälber macht man Leder, damit wir nicht barfuß zu gehen brauchen, wie die Gänse. Raesters.

Aufg.: Wie ist die Kuh?—Schreibe: Die Kuh ist bunt.—Die Kuh ist nützlich; 2c.

22. Kuh und Kalb.

1. Kuh, die weiße Milch uns giebt, bist ja heute so betrübt, sprangst auf der grünen Weide doch gestern so froh mit dem Kälbchen noch; heute sprichst du kläglich: Muh, muh! Sag, was fehlt dir, liebe Kuh!

2. Ach, der Fleischer ist früh gekommen, hat mir mein buntes Kälbchen genommen, hetzte die bösen Hunde ihm nach, gab ihm gar manchen harten Schlag. Kind darf froh bei den Eltern sein, Fleischer macht todt das Kälbchen mein! Hey.

Aufg.: Abschreiben und Auswendiglernen! —

23. Das Schaf.

1. Das Schaf ist ein liebes, sanftes Thier. Es beißt und stößt nicht. Es liefert die Wolle zu Strümpfen und Tuch, Fleisch zu schmackhaftem Hammelbraten, Talg zu Seife und Lichten, Leder zu Handschuhen. Aus seinen Därmen macht man Saiten zu Violinen und zu dem großen Brummbasse. Der Schäfer oder Hirte führt die Schafe in großen Heerden auf die Weide und hütet sie.

2. Junge Schafe oder Lämmchen springen so lustig umher, wie Kinder, und brechen manchmal ein Bein, gerade wie Kinder, wenn sie zu muthwillig springen. Alte Schafe haben einen bedächtigen Gang und sehen immer ernst aus.

Aufg.: Schreibe auf, wie das Schaf ist! —   Nach Maesters.

24. Das Schäfchen.

1. Auf dem grünen Rasen,
Wo die Veilchen blüh'n,
Geht mein Schäfchen grasen
In dem jungen Grün.

2. Auf der grünen Weide
Froh mein Schäfchen springt,
Fühlt, wie ich, die Freude,
Die der Frühling bringt.

3. Wo die Blümlein winken,
An der Quelle Saum,
Geht mein Schäflein trinken,
Schläft dann unter'm Baum.

4. Immer, Schäflein, freue
Dich der Fröhlichkeit;
Denn des Himmels Bläue
Währet oft kurze Zeit.

Aufg.: Abschreiben und Auswendiglernen! —

25. Dieb und Hund.

Dieb: — Still, Hündchen, still! und sei gescheidt!
Bell' nicht, ich thu' dir ja kein Leid,
Will dir eine schöne Bratwurst geben.

Hund: — „Mit nichten, darum bell ich eben.
Ich seh's, du willst nur stehlen hier,
Darum thust du so schön mit mir!"

Der Hund, der treue, bellte mit Macht; das hörte man weithin durch die Nacht; es erwachten die Leute im Hause drinnen. Da schlich sich der böse Dieb von hinnen und fürchtete sich und kam nicht wieder; still legte der gute Hund sich nieder. Hey.

Aufg.: Abschreiben und Auswendiglernen! —

---

26. Kind und Kätzchen.

Kind: — Kätzchen, warum wäschst du dich
Alle halbe Stunden? sprich!

Kätzchen: — „Weil es gar zu häßlich steht,
Wenn man nicht recht sauber geht;
Köpfchen, Pfötchen, Alles rein,
Anders darf's bei mir nicht sein."

Unser Kätzchen, hört ich dann, stand in Ehren bei Jedermann; sie ließen es gern in die Stube kommen und haben's wohl gar auf den Schooß genommen. Ich denke: Das Waschen und das Putzen hat ihm gebracht so großen Nutzen. Hey.

Aufg.: Abschreiben und Auswendiglernen! —

---

27. Die Hühner.

1. Die Hühner laufen so munter auf dem Hofe umher und sehen in ihren weißen, schwarzen und bunten Federkleidern, ihren Hauben und Kämmen gar niedlich aus. Am besten aber gefällt mir der Hahn. Gar kühn sieht er aus, mit seinen schönen Federn, seinem großen Kamme, seinen gebogenen Schwanzfedern und seinem Sporn an den Füßen. Sieh, wie stolz er dort einherschreitet und die Hühner ruft, wenn er etwas zu fressen findet. Ist er satt, so richtet er sich hoch auf und ruft: Kikeriki!

2. Noch ehe die Sonne untergeht, begiebt sich das Hühnervolk zu Bette, ist aber auch mit Tagesanbruch wieder munter. Der Hahn ruft dann in seiner Sprache der Hausfrau zu, und die fleißigen Kinder hören's und verstehen's auch:

„Morgenstunde hat Gold im Munde!"

Aufg.: Schreibe das Sprichwort auf und lerne es auswendig! — Harsters.

V.

28. Der Garten.

1. Vor unserm Hause ist ein Garten. Darin wachsen Veilchen, Rosen, Nelken, Tulpen, Lilien, Levkojen und viele andere hübsche Blumen von schöner Farbe und süßem Duft. Dies ist ein Blumengarten. — Hinter dem Hause ist ein großer Grasplatz mit vielen Obstbäumen. Das ist ein Obstgarten oder Baumhof. Die Obstbäume tragen Kirschen, Birnen, Pfirsichen, Aepfel, Pflaumen oder anderes Obst. Alle diese Früchte essen die Kinder gar gerne, und die Mutter bereitet daraus angenehme und gesunde Speisen. Aber nur reifes Obst darf man essen.

2. Durch den Baumhof führt ein Weg in den Gemüsegarten. Aus diesem Garten holt die Mutter die Gemüse, als: Spinat, Salat, Kohl, Erbsen, Bohnen, Rüben, Zwiebeln, Kartoffeln, u.s.w. Auch die süßen Erdbeeren wachsen im Garten und Johannis-, Stachel- und Himbeeren. Wer schöne Blumen, saftiges Obst und gute Gemüse ziehen will, der muß fleißig im Garten arbeiten. Ich kann schon die Blumen begießen und Unkraut ausziehen. — In einem Garten sind viele Beete, und zwischen den Beeten sind Wege. Um den Garten führt eine Hecke, oder eine Mauer.

3. Wenn ich groß bin, kaufe ich mir einen Garten. Dann bringe ich daraus der Mutter ein schönes Blumensträußchen zum Geburtstag, und dem Vater und dem Schwesterchen die schönsten, süßesten Pfirsichen. Hermanns.

Aufg.: Schreibe Namen auf von Dingen, welche im Garten sind! —

29. Räthsel.

Es ist ein rothes Kügelchen und fühlt sich weich an. Es sitzt an einem langen grünen Stielchen. Kügelchen und Stielchen sitzen zusammen unter vielen Blättern. Im weichen Kügelchen ist noch ein hartes, und darin wieder ein weiches, immer eins im andern. Die Sperlinge essen's gern und ich auch. — Was ist das? —

30. Der Blumengarten.

1. Kommt, Schwestern und Brüder, in's Gärtchen zu geh'n, da blühen nun wieder die Blumen so schön.

2. Wir wollen sie pflücken in kindlicher Lust, mit ihnen zu schmücken das Haar und die Brust.

3. Dann kehren wir wieder zur Mutter zurück, und singen ihr Lieder mit fröhlichem Blick.

Aufg.: Abschreiben und Auswendiglernen! —

VI.

31. Das Feld.

1. An den Garten stößt das Feld. Das Feld ist viel größer, als der Garten; darum ist der Zaun, der es einschließt, nicht so schön, wie die Gartenhecke. Auf dem Felde zieht man Getreide: Roggen, Weizen, Gerste, Hafer und Korn oder Mais. Das Getreide hat lange, hohle Halme. Roggen, Weizen und Gerste haben oben an den Halmen Aehren. Beim Mais wachsen die Aehren, welche dicht in Blätter gehüllt sind, an den Knoten des Halmes zwischen langen Blättern hervor. Die Gerste hat lange Grannen an den Aehren. In den Aehren stecken die Körner. Der Hafer hat keine Aehren, sondern Rispen. Roggen und Weizen säet man im Herbste; den Hafer säet man im Frühlinge. Wann wird die Gerste gesäet und wer weiß, wann und wie der Mais gepflanzt wird? —

2. Roggen, Weizen und Mais mahlt der Müller zu Mehl. Aus dem Mehl backt der Bäcker das Brod. Roggenmehl giebt Schwarzbrod. Von der Gerste macht man Graupen und Malz. Die

Graupen kocht man in Suppen, und das Malz benutzt der Bier=
brauer. Von Hafer macht man Grütze; doch wird er besonders als
Futter für die Pferde gebraucht. Hühner und Gänse füttert man
mit Mais.

3. Auf dem Felde wachsen auch Klee, Flachs, Kartoffeln und noch
viele andere Pflanzen. Mit dem Klee füttert man das Vieh. Der
Klee ist ein Futterkraut. Aus dem Flachs wird Garn gesponnen,
woraus der Weber die Leinwand webt. Was macht man aus Lein=
wand? — Die Kartoffeln dienen zur Nahrung für Menschen und
Thiere.   Hermanns.

Aufg.: 1. Schreibe Namen von Dingen auf, welche auf dem Felde wachsen!—

---

32. Das Samenkorn.

Wer merkt's am Samenkorn so klein,
Daß d'rin ein Leben könnte sein!
Kaum hab', ich's in das Land gesteckt,
Da ist auch seine Kraft erweckt,
Da drängt es aus der Erde vor,
Da steigt es in die Luft empor,
Da treibt's und wächst und grünt und blüht,
Da lobt den Schöpfer, wer es sieht.

Aufg.: Abschreiben und Auswendiglernen! —   Ney.

---

33. Was ist das?

Vom Felde kommt's in die Scheune, vom Flegel dann zwischen
zwei Steine, aus dem Wasser endlich in große Gluth, dem Hungrigen
schmeckt es allezeit gut.

---

34. Was ist denn das?

Wind und Wasser geben mir allein das Leben; Speise nehm ich
nie zu mir; Stoff zu Brot bereit ich dir!

Aufg.: Abschreiben und Auswendiglernen! —

---

35. Die Aehren.

Ein Landmann ging mit seinem kleinen Sohne auf den Acker hin=
aus, um zu sehen, ob der Roggen bald reif sei. „Sieh', Vater,"

sagte der unerfahrene Knabe, „wie aufrecht einige Halme den Kopf tragen; diese müssen wohl recht vornehm sein. Die andern, die sich so tief vor ihnen bücken, sind gewiß viel schlechter." Der Vater pflückte ein Paar Aehren ab und sprach: „Thörichtes Kind, da sieh' einmal! Diese Aehre hier, die sich so stolz in die Höhe streckte, ist ganz taub und leer; diese aber, die sich so bescheiden neigte, ist voll der schönsten Körner."

> „Trägt Einer gar zu hoch den Kopf,
> So ist er nur ein leerer Tropf."

Aufg.: Schreibe das Verschen ab, und lerne es auswendig.   Chr. Schmid.

---

36. Die Lerche.

1. Die Lerche hat erspüret ein Würmlein in dem Feld; nun weiss sie, dass gebühret auch Dank dem Herrn der Welt.

2. Nun rauscht sie aus den Schlüften und Furchen schnell hervor, und schaukelt sich in Lüften und schwingt sich hoch empor.

3. Und singt und jubiliret, so dass es schallt und gellt, und jauchzt und tiriliret dem grossen Herrn der Welt.

4. Und hast du's schon gesehen, mein Kind, und hast's gehört?—So wirst du auch verstehen, was dich die Lerche lehrt —? —

Aufg.: Abschreiben und Auswendiglernen! —   Quell.

VII.

37. Der Wald und die Wiese.

1. Ich gehe auch gern in den Wald. Im Walde stehen hohe Bäume: Eichen, Buchen, Ahornbäume, Birken, Tannen, Fichten und noch viele andere Waldbäume. Die meisten Bäume haben Laub; die Tannen und Fichten haben Nadeln. Um den Stamm, die Aeste und die Zweige sitzt die Rinde. Das Holz der Waldbäume wird vom

Schreiner und Zimmermann zu vielen Sachen verarbeitet. Nenne Dinge, die aus Holz gemacht sind! Aus den hohen und schlanken Stämmen der Tannen werden die großen Masten der Schiffe gemacht. Die Zweige und Aeste der Bäume liefern uns Brennholz. Einige Waldbäume tragen auch Früchte. Die Eiche trägt Eicheln, die Buche Bucheln. Die Eicheln und Bucheln sind ein gutes Futter für die Schweine. — Auch Sträucher wachsen im Walde. An den Haselsträuchen wachsen die Haselnüsse. Die Heidelbeeren, welche auch Waldbeeren heißen, und die Preißelbeeren wachsen an kleinen Sträuchern im Walde.

2. Im Frühlinge ist es im Walde und auch auf der Wiese am schönsten. Die Wiesen sind dann schön grün und mit bunten Blumen überstreut. Im Walde erhalten Bäume und Sträucher frisches, grünes Laub. Die Vögel flattern von Zweig zu Zweig und zwitschern und singen ihr fröhliches Liedchen. Sie bauen sich ihre Nester und legen Eier hinein. Ich kenne schon einige Vögel: das Rothkehlchen, den Sperling, die Drossel, den Spottvogel, den Würger, den Adler und noch andere. Vögel, welche schön singen können, heißen Singvögel. Im Walde wohnen auch Hasen und Kaninchen, Füchse, Dachse, Rehe, Hirsche und das muntere Eichhörnchen. Diese Thiere sind nicht zahm, wie die Hausthiere, sondern wild. Darum nennt man sie wilde Thiere.

Aufg.: 1. Schreibe Namen auf von Pflanzen im Walde! —
„ 2. Schreibe Namen auf von Thieren im Walde! —   Hermanns.

---

38. Der junge Baum.

Ein Bäumchen trug schon, jung und zart
Viel' Früchte von der besten Art;
Der Gärtner sah's mit Freuden an,
Und alle lobten's, die es sah'n.

Seid, Kinder, diesem Bäumchen gleich,
Seid stets an allem Guten reich :—
Das wird der Eltern Herz erfreu'n,
Vor Gott und Menschen löblich sein.

Aufg.: Abschreiben und Auswendiglernen! —   Aus Reffelt's Lesebuch

39. Häschen.

Häschen saß im grünen Gras,
Häschen dachte: Was ist das?
Kommt dort nicht der Jäger her
Mit dem großen Knallgewehr?
Husch, mein Häschen, husch,
In den dichten Haselbusch!

Jäger zielt den Hahn schon auf:
Liebes Häschen, lauf' doch, lauf'!
Ach, jetzt legt er an und knallt,
Daß es durch die Büsche schallt.
Schau, mein Häschen laufen kann,
Hat doch keinen Dinkel an.

Aufg.: Abschreiben und Auswendiglernen! — Hey.

---

40. Warnung.

1. Fuchs, du hast die Gans gestohlen, gieb sie wieder her; gieb sie wieder her, sonst wird sie der Jäger holen mit dem Schiessgewehr.

2. Seine grosse, lange Flinte schiesst auf dich das Schrot; schiesst auf dich das Schrot, dass dich färbt die rothe Dinte, und dann bist du todt.

3 Füchslein, Füchslein, lass dir rathen, sei doch nur kein Dieb; sei doch nur kein Dieb! Nimm, du brauchst nicht Gänsebraten, mit der Maus fürlieb!

Aufg.: Wie ist der Fuchs? — Schreibe: Der Fuchs ist roth, klug, schlau, u. s. w.—

41. Das Vogelnest.

1. Der kleine Ernst ging oft in den Wald und suchte Vogelnester auf. Wenn er aber ein Nest fand, so nahm er die Eier, oder die jungen Vögelein heraus und zerstörte das Nest. Daran konnte Ernst Vergnügen finden, wenn auch die armen nackten Vögelchen bald starben.

2. Einst erblickte Ernst ein Nest auf einem ziemlich hohen Baume. Gleich kletterte er hinauf. Als er aber oben war und das Nest ergreifen wollte, da brach auf einmal der Zweig, an welchem er sich hielt, und der kleine Bube stürzte vom Baume hinunter. Da schrie er: „O weh! o weh! mein Arm, mein Arm!" und lief nach Hause. Der Arm war gebrochen, und Ernst mußte große Schmerzen leiden, bis er wieder geheilt war. Von dieser Zeit an zerstörte Ernst nie wieder ein Vogelnest.

> „Quäle nie ein Thier zum Scherz,
> Denk': Es fühlt, wie ich, den Schmerz."

Aufg.: Schreibe das Verschen ab und lerne es auswendig! — Hermanns.

42. Das listige Vögelein.

Klaus ist in den Wald gegangen,
Weil er will die Vög'lein fangen;
Auf den Busch ist er gestiegen,
Weil er will die Vög'lein kriegen;
Aber's Vögelein, das alte,
Schaut vom Nestlein durch die Spalte,
Schaut und zwitschert: „Ei der Daus;
Kinderlein, es kommt der Klaus!
Hu, mit einem großen Prügel,
Kinderlein, wohl auf die Flügel!"
Prr, da flattert's, busch, busch, husch!
Leer das Nest und leer der Busch,
Und die Vög'lein lachen Klaus
Mit dem großen Prügel aus,
Daß er wieder heimgegangen,
Zornig, weil er nichts gefangen;
Daß er wieder heimgestiegen,
Weil er konnt' kein Vög'lein kriegen.

Aufg.: Abschreiben und Auswendiglernen! — Aus Raesters' Lesebuch.

VIII.

43. Der Bauer.

1. Der Bauer ist ein fleißiger Mann. Früh, ehe der Hahn kräht, ist er schon auf dem Felde. Er arbeitet und schafft bis spät in die Nacht. Im Frühling und Sommer, im Herbst und Winter: immer hat der Bauer seine Arbeit. Hin und her zieht er mit Pflug und Egge und Wagen und Karre, mit Schaufel und Rechen und Spaten und Hacke, mit Sichel und Sense, mit Säge und Art. Alle diese Dinge sind Ackergeräthe. Damit kann der Bauer vielerlei Arbeiten verrichten. Der Bauer kann pflügen, eggen, düngen, pflanzen, säen, jäten, hacken, sägen, schneiden, mähen, dreschen und Butter machen und Käse bereiten. Das ist harte Arbeit. Aber der Bauer ist rüstig und stark; die Arbeit macht ihm gesundes Blut und frohen Muth.

2. Mit Fleiß und Schweiß ißt der Bauer ehrlich sein reiches Brod. Hat er die Arbeit recht bestellt, und haben Knecht und Magd ihm treu geholfen, so geben die Kühe ihm gute Milch und Käse und Butter. Die Hühner, Gänse und Enten geben ihm Eier und leckern Braten. Und fette Schweine sind auch noch da. Aus Garten, Feld und Wiese und Wald sammelt er ein, daß Speicher, Keller und Scheunen voll werden. Das ist des Bauern Ernte, sein redlich erworbener Lohn für viel Fleiß und Schweiß. Er kann aber nicht Alles selber essen und selbst benutzen, was er geerntet hat.—Was er nicht braucht, das bringt er dir und andern Leuten, welche nicht das Feld bebauen und doch essen wollen.

Hermanns.

Aufg.: 1. Schreibe auf Namen von Ackergeräthen! —
„ 2. Schreibe auf, was der Bauer thut! Z. B.: Der Bauer pflügt. — Der Bauer eggt; u. s. w.

44. Der Bauer.

1. Ich lobe mir den Bauersmann;
Er baut für uns das Feld;
Wer eines Bauern spotten kann,
Ist mir ein schlechter Held.

2. Früh greift er seine Arbeit an,
Drum bringt sie ihm Gedeih'n.
Was früh du thust, wird recht gethan:
Lern' dies vom Bäuerlein!

3. Die liebe Sonn' in gold'ner Pracht,
   Wie prächtig geht sie auf!
   Die Vög'lein auch sind froh erwacht,
   Ihr Jubellied schallt auf.

4. Und Preis und Dank füllt seine Brust
   Bei all der Herrlichkeit,
   Bei all' dem Leben, all' der Lust,
   Wie's ihm der Morgen beut.

5. Und ist sein Tagewerk vollbracht,
   So zieht er müd' nach Haus;
   Es stört ihm Nichts die Ruh' der Nacht:
   Er ruhet sanft sich aus.

6. Wer möcht' nicht sein ein Bauersmann,
   Anstatt ein Präsident!
   Wenn müde, ruht der Bauersmann;
   Wann ruht der Präsident?—

Aufg.: Abschreiben und Auswendiglernen! —   Hermanns.

43. Der Besuch auf dem Lande.

1. In den schönen Tagen des Juni besuchte ein Vater mit seinen Kindern den Oheim, welcher viele Meilen weit auf seinem Landgute wohnte. Die Kinder, welche nie aus der Stadt hinausgekommen waren, sahen mager und blaß aus. Sie wunderten sich sehr darüber, daß die Kinder des Oheims alle ein so blühendes und gesundes Aussehen hatten und konnten gar nicht begreifen, wie denselben alles so gut schmeckte.

2. Als die Kinder aber einige Tage beim Oheim gewesen, fleißig in der frischen Luft umher gesprungen und auf dem Kirsch=baume herum geklettert waren, als sie das klare Brunnenwasser und gute frische Milch, warm von der Kuh, getrunken hatten, als sie die Erdbeeren frisch aus dem Garten und die Kirschen vom Baume gegessen hatten:—da bemerkten sie zu ihrer Freude, daß ihre Wangen schon roth und ihre Eßlust groß geworden war.

3. Ungern trennten sich die Kinder von dem schönen Hause des Oheims, mit den großen Scheunen und Ställen. Gern versprachen sie, im nächsten Jahre wieder zu kommen.

„Frisches Wasser, gutes Brod,
   Färben dir die Backen roth."

Aufg.: Schreibe das Sprechen ab und lerne es auswendig! —   Hermanns.

46. Das Landleben.

1. Ihr Städter, sucht Ihr Freude, so geht auf's Land hinaus;
Seht, Garten, Feld und Weide umgrünen jedes Haus.
Kein reicher Mann verbauet dort Mond- und Sonnenschein,
Und Abends überschauet man jedes Sternelein.

2. Dort seht, wie Gott den Segen aus reichen Händen streut,
Wie Sonnenschein und Regen dort Wald und Flur erneut;
Dort blüh'n des Gartens Bäume, dort wallt das grüne Feld,
Dort singen in dem Haine die Vögel ohne Geld.

3. Die rasche Arbeit würzet dem Landmann seine Kost,
Und Lust und Freude kürzet die Zeit bei Hitz' und Frost.
Drum, wollt ihr Freude schauen, so wallet Hand in Hand,
Ihr Herren und ihr Frauen, und geht hinaus auf's Land.

Aufg.: Abschreiben und Auswendiglernen! — Aus Schnabel's Lesebuch.

* * *

IX.

47. Der Handwerker.

1. Der Bauer oder Landmann kann sich seine Ackergeräthe: Pflug, Egge, Walze, u. s. w., nicht selbst machen. Auch seine Hausgeräthe: Oefen, Tische, Stühle, Schränke, Bettstellen, u. s. w., kann er nicht selbst verfertigen. Und kann er sich seine Kleidungsstücke: Rock, Hose, Weste, u. s. w., selbst nähen? So wenig, wie er sein Haus mit Stall und Scheune selbst bauen kann. Der Bauer hat nicht Zeit genug, Alles selbst zu machen, was er braucht; und hätte er die Zeit dazu, so könnte er's doch nicht, weil — ? — er's nicht gelernt hat. Kein Mensch kann Alles selbst machen, was er zum Leben nöthig hat; denn kein Mensch kann Alles machen lernen. Darum lernt Jeder Das, was ihm am besten gefällt, und was er dann treibt, das ist sein Handwerk. Wer ein Handwerk treibt, ist ein Handwerker. —

2. Welcher Handwerker macht die Uhr, den Hut, den Schuh; — welcher bindet die Bücher ein, und welcher deckt das Dach? Was macht der Schmied, der Bäcker, der Metzger, der Schreiner, der Glaser? Nenne noch andere Handwerker! — Nun merke: Der

Landmann bebaut das Feld, damit der Handwerker Nahrung hat, und der Handwerker macht Allerlei, was der Bauer nöthig hat. So arbeitet Einer für den Andern. Und wenn nun Jeder redlich und recht das Seine thut, so ist es für Alle gut. Hermanns.

Aufg.: 1. Schreibe Namen auf von Handwerkern! —

„ 2. Schreibe auf, was die Handwerker machen! Schreibe: Der Bäcker backt das Brod. — Der Schneider näht den Rock; u. s. w.

---

48. Vogel und Pferd.

Vogel: — Pferdchen, du hast die Krippe voll,
Giebst mir wohl auch einen kleinen Zoll?
Ein einziges Körnlein, oder zwei,
Du wirst noch immer satt dabei?

Pferd: — „Nimm, lecker Vogel, nur immer hin,
Genug ist für dich und mich darin!"

Und sie aßen zusammen, die Zwei; litt Keiner Mangel und Noth dabei. Und als dann der Sommer kam so warm, da kam auch manch' böser Fliegenschwarm; doch der Sperling fing hundert auf einmal: da hatte das Pferd nicht Noth, noch Qual.

Aufg.: Abschreiben und Auswendiglernen! — Hey.

---

49. Kind und Schmied.

Kind: — Herr Schmied, Herr Schmied, du schwarzer Mann!
Geh', zieh' ein beßres Kleid doch an,
Geh', wasch' Gesicht und Hände rein,
Dein Freund mag ich sonst nicht mehr sein! —

Schmied: — „Steh', Kind, bei mir nur kurze Zeit:
Was du gesagt, wird dir dann leid."

Darauf der Schmied den Hammer schwingt,
Daß weit der Klang die Luft durchdringt;
Das Eisen er im Feuer glüht,
Daß es vom Amboß Funken sprüht;
Die fliegen ihm in's Angesicht,
Die schonen seine Kleider nicht;
Doch rinnt dazu auch noch viel Schweiß:
Am Feuer ist's gewaltig heiß. —

Froh bleibt der Schmied bei aller Plag'
Und hämmert fort den ganzen Tag. —
Ein Weilchen sieht das Kind es an,
Dann spricht's: „Verzeih' mir, wackrer Mann!
Ist schlecht dein Kleid, schwarz dein Gesicht,
So lieb' ich dich, veracht' dich nicht."

Aufg.: Abschreiben und Auswendiglernen! —   Hermanns.

50. Der Schneider.

Ist es mühsam, den ganzen Tag zu stehen und den Hammer zu
schwingen, wie es der Schmied thut, so ist es doch auch kein Spaß,
immer und immer auf einer Stelle zu sitzen, wie der Schneider.
Die ganze Arbeitswoche hindurch steckt der in der Stube und darf
nicht einmal durch die Fenster hinausschauen auf die Gasse; denn
seine Augen müssen stets auf die Arbeit gerichtet sein, besonders kurz
vor einem Feste. Da sollen die Kinder neue Kleider haben, und der
Schneider muß sich rühren. Er nimmt den Kindern das Maß und
kauft allerlei Zeuge, Futter, Seide, Zwirn, Knöpfe, Wachs zum Be-
streichen der Fäden und andere Dinge. Dann schneidet er zu, hantirt
mit Nadel, Scheere und Bügeleisen, und zur rechten Zeit sind die
Röcke, Hosen, Westen und Mäntel für uns fertig.   Haesters.

Aufg.: Schreibe auf, wie ein Handwerker sein kann! Der Handwerker kann sein:
Fleißig, geschickt, u. s. w.

X.

51. Bauernhof, Weiler, Dorf und Stadt.

1. Der Bauer oder Landmann wohnt auf seinem Bauernhofe oder
Landgute. Nur wenige Bauern wohnen nahe beisammen, weil jeder
viel Platz haben muß. Wo mehrere Bauernhäuser nahe zusammen
liegen, da bilden sie einen Weiler. Noch mehr Häuser nahe zusammen
gebaut, machen ein Dorf. Wo viele Häuser aneinander, oder so dicht
neben einander gebaut sind, daß sie lange Häuserreihen bilden, da ist
eine Stadt. In der Stadt wohnen viele Menschen nahe beisammen.
Denen bringt der Landmann auf den Markt, was sie zur Nahrung

nötbig baben. Dafür erbält der Bauer Geld, und für Geld kauft er in der Stadt seine Ackers, Hauss und Küchengeräthe und Alles, was er sonst braucht. Auch schöne Spielsachen für die Kinder und Bücher und Bilder kauft man in der Stadt. Alle diese Dinge werden in der Stadt gemacht. Da wohnen allerlei Handwerker. Die arbeiten Jahr aus, Jahr ein den ganzen Tag, und was sie fertig machen, das bringen sie dem Kaufmanne. Der Kaufmann hat einen Laden. In denselben kommen die Leute und kaufen. Im Kleiderladen kauft man fertige Kleider, im Tuchladen Tuch, im Möbelladen Tische, Stühle, Schränke, Spiegel und viele andere Dinge. Oefen und andere Küchengeräthe kauft man im Ofenladen, Oel, Essig, Pfeffer und Salz, Kaffee, Thee und Zucker im Specereiladen u.s.w. Wo kauft man den Hut, das Hemd, das Buch u.s.w.?

2. Es giebt große und kleine Städte. Die größten Städte liegen gewöhnlich an einem Flusse. Von einer Stadt zur andern fährt man mit Schiffen, oder Eisenbahnen. Die Leute, welche in der Stadt wohnen, nennt man Städter. Leute, welche nicht in der Stadt wohnen, heißen Landleute, oder Bauern. Die Leute, welche am nächsten beisammen wohnen, sind Nachbarn.

Aufg.: 1. Schreibet Namen auf von Dingen in der Stadt! —
Aufg.: 2. Schreibet Namen auf von Handwerkern! —   Hermanns.

---

52. Das ist nicht schön.

1. Zwei Knaben, Eduard und Rudolph, waren mit ihrem Vater zum ersten Male in einer großen Stadt gewesen. Als sie wieder zu Hause waren, konnten die Kinder nicht aufhören, zu erzählen, was für schöne Sachen sie gesehen hätten. „Ich habe," sagte Rudolph, „in der Stadt in einem Tage mehr Leute gesehen, als hier im ganzen Jahre. Und so viele Kutschen, Wagen und Karren liefen auf den Straßen durcheinander, daß man oft kaum durchkommen konnte; ja, sogar Eisenbahnwagen wurden von Pferden gezogen." „Und die prächtigen, großen Häuser, die schönen Läden mit den breiten, hohen Fenstern voll von schönen, bunten Spielsachen, neuen Büchern und anderen herrlichen Dingen," sagte Eduard, „es ist doch recht schön in der Stadt!" —

2. „Aber Eins habe ich gesehen, das ist nicht schön, lieber Bruder,"

antwortete Rudolph. „Haſt du nicht bemerkt, daß in dem ſchönen, großen Poſtgebäude und auf dem Bahnhofe überall zu leſen war: Hütet Euch vor Taſchendieben!? Das iſt doch nichts Schönes.“ Der Vater erwiderte hierauf: „Leider! giebt es in der Stadt zu viele Menſchen, die nicht arbeiten und doch eſſen wollen. Die ſtehlen und machen das Leben in der Stadt nicht ſchön.“

„Wo viele Menſchen müßig ſteh'n,
Da iſt das Leben gar nicht ſchön.“ Hermanns.

Aufg.: Schreibe die Verschen ab und lerne ſie auswendig! —

53. Die Eckenſteher.

Kind: — Sag', Vater, mir, warum doch ſtehen
An jenen Straßenecken dort
Die Männer, die ſchon oft geſehen
Ich hab', warum gehn ſie nicht fort?
Gern ſeh ich jene Männer nicht:
Daß böſ' ſie ſind, ſagt ihr Geſicht;
Wie könnten ſie auch müßig ſtehen,
Da Andere flink zur Arbeit gehen!

Vater: — „Es ſind, mein Kind, dies Eckenſteher,
Die Plage einer großen Stadt;
Die ſchaffen nichts, und ſtehlen eher
Was ſich der Fleiß erworben hat.
Zur Schul' einſt wollten ſie nicht hin,
Nur Spielen war nach ihrem Sinn:
Was draus geworden, kannſt du ſehen,
Siehſt du ſie an den Ecken ſtehen.“

Aufg.: Abſchreiben und Auswendiglernen! — Hermanns.

54. Die Freude der Jugend.

Unſre Kindheit, unſre Jugend,
Unſer Alter darf ſich freu'n.
Ja, die Freude ſelbſt iſt Tugend;
Aber heilig muß ſie ſein.
Nicht ein Taumel, der bethört,
Der Gefühl und Kraft zerſtört,
Freuden nur, die das Gewiſſen
Mir erlaubt, will ich genießen.

Aufg.: Abſchreiben und Auswendiglernen! — Aus Reffelt's Leſebuch.

XI.

53. Das Wasser.

1. Sind die Kinder durstig, so ist ein Glas frisches, klares Wasser das beste Getränk für sie. Zu Kaffee und Thee gießt die Mutter Wasser. Dieses Wasser hat sie auf dem Feuer kochen oder sieden lassen; es ist kochendes Wasser. Aber nicht nur zu Kaffee und Thee, zu allen Speisen nimmt die Mutter Wasser. Will dieselbe Kuchen backen, so rührt sie den Teig mit Wasser an. Nenne andere Speisen, wozu Wasser genommen wird! Auch die Thiere trinken Wasser. Sieh' nur das Huhn, wie es bei jedem Schluck Wasser aufwärts blickt und dem lieben Gott dankt, daß er ihm das erfrischende Wasser gegeben hat! Enten, Gänse und die Schwäne mit dem schön ge= bogenen Halse schwimmen vergnügt auf dem Wasser umher. Auch viele Menschen können schwimmen, und du solltest es auch lernen. Kennst du auch Thiere, welche immer im Wasser leben? Ganz lustig und munter schwimmt darin das Fischlein her und hin.

2. Auch zu noch etwas Anderem ist das Wasser gut. — Wie würden die Kinder aussehen, wenn kein Wasser da wäre, das den Schmutz wegfegt! Wasser macht Alles rein. Menschen und Thiere trinken Wasser, waschen und reinigen sich damit und würden ohne Wasser gar nicht leben können. Aber auch alle Pflanzen: Blumen, Bäume und Sträucher, leben vom Wasser. Da die Pflanzen aber nicht selbst zum Brunnen gehen können, um zu trinken und sich rein zu waschen, so kommt das Wasser zu den Pflanzen. Es fällt zur Erde, daß dieselbe feucht wird, und aus der Erde saugen die Pflanzen, was sie essen und trinken, um zu wachsen. Weißt du schon, wie das Wasser die Pflanzen wäscht, und hast du auch schon bemerkt, wie frisch die Blumen sind und wie lieblich sie duften, wenn ein sanfter Regen sie getränkt und gewaschen hat?

Aufg.: 1. Schreibe auf Namen von Speisen! —
  2.   „   „   „   „ Getränken! —
  3.   „   „   „   „ Thieren! —
  4.   „   „   „   „ Pflanzen! —   Hermanns.

36. Das beste Getränk.

1. Der beste Wein für Kinder,
   Den weiß ich ist's fürwahr,
   Der aus der Felsenquelle
   So lustig fließt, so klar.

2. Er fließt durch grüne Auen;
   Ihn trinken Hirsch und Reh
   Und Lerch und Nachtigallen,
   Er macht den Kopf nicht weh!

3. Und ist er gut für Kinder,
   Der klare weiße Wein,
   Mich dünkt, er muß nicht minder
   Auch gut für Große sein.

Aufg.: Abschreiben und Auswendiglernen! —   Uhland.

---

37. Wo das Wasser ist.

1. An manchen Stellen quillt das Wasser aus der Erde hervor und bildet eine Quelle. Aus der Quelle wird ein Bächlein. Das sucht seinen Weg durch Wiese und Wald, immer bergab, und kommt zu andern Bächlein. Die fließen nun zusammen und bilden einen Bach. Ueber ein Bächlein kann man springen; ein Bach ist aber schon so groß, daß man einen Steg, oder eine Brücke drüber legen muß, um hinüber zu kommen. — Der Bach fließt nun weiter, immer abwärts, und begegnet andern Bächen und Bächlein. Alle diese Bäche und Bächlein vereinigen sich zu einem großen, breiten und tiefen Flusse.

2. Der Fluß fließt an Dörfern und Städten, Wiesen und Wäldern vorbei, immer abwärts, und wird größer und größer, da stets noch andere Bäche und Flüsse zu ihm kommen. So immer größer geworden, fließt der Fluß endlich in ein Wasser, welches so groß ist, daß du gar kein Ende davon sehen kannst. Dieses große Wasser ist das Meer. Alle Flüsse münden, oder ergießen sich in's Meer. Ueber einen Fluß kann man noch Brücken bauen, aber nicht über das Meer.

3. Kommt ein Bach an eine tiefe Stelle, die sehr breit ist, so füllt er dieselbe mit seinem Wasser aus, ehe er weiter fließt. So entsteht ein Teich, und ein See. Ein See ist größer, als ein Teich. — Gräbt man ein Loch so tief in die Erde, bis man Wasser findet, so hat man einen Brunnen. Das Wasser ist also in Brunnen, Teichen und Seen, Quellen, Bächen, Flüssen und Meeren. Das Wasser der Meere und einiger Seen ist salzig. Das Wasser der Brunnen, Quellen, Bäche und Flüsse kann man trinken.   *Hermanns.*

Aufg.: Schreibe auf, wo das Wasser ist! — Schreibe: Das Wasser ist im Brunnen. — Das Wasser ist in der Quelle; u. s. w.

---

58. Vöglein, Blümlein, Wässerlein.

1. Vöglein im hohen Baum, klein ist's, ihr seht es kaum; singt doch so schön, dass wohl von nah und fern alle die Leute gern horchen und stehn.

2. Blümlein im Wiesengrund blühen so lieb und bunt, tausend zugleich. Wenn ihr vorüber geht, wenn ihr die Farben seht, freuet ihr euch.

3. Wässerlein fliesst so fort immer von Ort zu Ort nieder in's Thal. Dürstet nun Mensch und Vieh, kommen zum Bächlein sie, trinken zumal.

4. Habt ihr es auch bedacht, wer hat so schön gemacht alle die Drei? Gott ist's, der machte sie, dass sich nun spät und früh' Jedes d'ran freu'!

Aufg.: Abschreiben und Auswendiglernen! —   *Aus Haesters' Lesebuch.*

---

59. Wie stark das Wasser ist.

1. Fließt ein Bach ruhig in seinem Bette dahin, so treibt er das große Wasserrad, welches das ganze Mühlenwerk einer Wassermühle

in Bewegung setzt. Ist der Bach durch starken Regen angeschwollen, so rauscht er mächtig daher, schwemmt Brücken weg und reißt mit sich fort, was ihm in den Weg kommt. Ein angeschwollener Fluß braust mit furchtbarer Gewalt daher, tritt aus seinem Bette, überschwemmt das Land, zerstört die Brücken und schwemmt oft sogar große Häuser hinweg. In seiner Ruhe trägt der Fluß schwer beladene Schiffe von einer Stadt zur andern. Auf dem Meere fahren noch viel größere und schwerere Schiffe von einem Lande zum andern.

2. Und was treibt die Lokomotive, welche einen langen, schweren Eisenbahnzug so rasch voran zieht, daß der schnellste Reiter demselben nicht folgen kann? Das Wasser thut dies. Dasselbe ist als Dampf so stark, daß es nicht nur die Lokomotive auf der Eisenbahn in Bewegung setzt, sondern auch die Maschine auf dem Dampfschiffe und die Maschinen, welche in den Fabriken so viele schwere Arbeiten verrichten müssen.   Hermanns.

Aufg.: Schreibe, wie das Wasser sein kann! — So: Das Wasser kann warm sein. — Das Wasser kann tief sein; u. s. w.

XII.

60. Die Erde.

1. Gras, Blumen, Bäume und Sträucher wachsen aus der Erde hervor und schmücken Wiesen, Felder und Wälder. Viele Brunnen, Teiche und Seen, Quellen, Bäche, Flüsse und Meere giebt es auf der Erde. Viele Menschen leben auf der Erde in Dörfern und Städten und Thiere auf dem festen Lande und im Wasser. Nenne Thiere, welche nur auf dem Lande leben! — Nun solche, welche nur im Wasser leben! — Welche Thiere können auf dem Lande und im Wasser leben?

2. Die Erde ist erstaunlich groß. Die Erde ist nicht überall flach und eben, wie der Fußboden. An einigen Stellen ist sie tief oder niedrig, an einigen hoch. Die Vertiefungen heißen Thäler. Die kleinen Erhöhungen nennt man Hügel und die großen Berge. Auf einem hohen Berge kann man weit um sich her sehen. Was man von der Erde sehen kann, ist ihre obere Fläche, oder Oberfläche. Dieselbe ist theils Land, theils Wasser. Tief in das Innere der Erde kann man nicht sehen. Aus dem Innern der Erde holt der Mensch Eisen,

Kupfer, Blei, Gold, Silber, Kohlen, Salz und noch viele andere nütz=
liche Dinge. Gold, Silber, Blei, Eisen und Kupfer sind Metalle.

3. Die Menschen und Thiere können sich von einem Orte zum
andern bewegen: sie haben Füße, womit sie gehen, wohin sie wollen.
Die Menschen und Thiere können sich überall ihre Nahrung suchen.
Die Pflanzen können sich nicht frei bewegen und müssen ihre Nahrung
da suchen, wo sie hingepflanzt sind. Die Metalle: Eisen, Gold,
Kupfer, u. s. w., und die Kohlen und andere Steine, auch das Salz,
können sich nicht bewegen und haben auch keine Werkzeuge oder
Organe, womit sie Nahrung zu sich nehmen. Und da diese Dinge
nicht essen, so können sie auch nicht wachsen. Solche Dinge, oder
Körper, nennt man Mineralien. Auf der Erde giebt es also außer
den Menschen: Thiere, Pflanzen und Mineralien.

Aufg.: 1. Schreibe auf Namen von Thieren! —
 2. „ „ „ „ Pflanzen! —
 3. „ „ „ „ Mineralien! — Hermanns

61. Die Blumen.

1. Wer hat die Blumen nur erdacht,
   Wer hat sie so schön gemacht,
   Gelb und roth und weiß und blau,
   Daß ich meine Lust d'ran schau?

2. Wer hat im Garten und im Feld
   Sie so auf einmal hingestellt?
   Erst war's doch so hart und kahl,
   Blüht nun alles auf einmal.

3. Wer ist's, der ihnen allen schafft
   In den Wurzeln frischen Saft,
   Gießt den Morgenthau hinein,
   Schickt den hellen Sonnenschein?

4. Wer ist's, der sie alle ließ
   Duften noch so schön und süß,
   Daß die Menschen, groß und klein,
   Sich an ihnen herzlich freu'n?

5. Wer das ist und wer das kann
   Und nicht müde wird daran? —
   Es ist Gott in seiner Kraft,
   Der die lieben Blumen schafft!

Aufg.: Abschreiben und Auswendiglernen! — Aus Maesters' Lesebuch.

7

XIII.

62. Die Luft ... Der Himmel.

1. Zur Erde gehört auch noch die Luft. Die Luft ist überall, wo sie nur eindringen kann und reicht weit über die Oberfläche der Erde hinaus. Die Luft ist sehr fein; darum können wir sie nicht sehen. Wir können sie aber fühlen. Oeffnest du ein Fenster in einer warmen Stube, so fühlst du, daß kalte Luft in's Zimmer dringt und warme Luft aus dem Zimmer strömt.

2. Die Luft ist immer in Bewegung. Bewegt sich die Luft schnell, so entsteht der Wind. Das Brausen des Windes hören wir. Der Wind treibt große Schiffe auf dem Wasser dahin. Ein heftiger Wind reißt Bäume mit den Wurzeln aus der Erde, deckt Dächer von Häusern ab, bewegt das Meer, daß es Wellen macht, welche wie hohe Wasserberge aussehen und wirft die größten Schiffe wie einen Ball von einer Seite zur andern.

3. Die Menschen, Thiere und Pflanzen athmen beständig reine Luft ein und unreine Luft aus, und könnten ohne Luft nicht leben. Wer gesund bleiben will, muß sich viel in der freien Luft bewegen. Wir öffnen oft die Fenster, damit die frische Luft auch zu uns in die Schule kommen kann. Besonders muß die Luft in den Schlafkammern rein sein. In der Luft sehen wir oft Wolken, aus welchen der Regen fällt. Auch Schnee und Hagel fallen aus der Luft. In der Luft sieht man auch den Blitz. Wenn es blitzt, dann donnert es gewöhnlich auch.

4. Was wir hoch über uns sehen, nennen wir Himmel. Auf den Bergen sieht derselbe noch eben so hoch und eben so blau aus, wie in den Thälern. Oft ist der Himmel mit Wolken bedeckt; ganz heiter, so daß man gar kein Wölkchen sieht, ist er selten. Außer den Wolken sieht man am Tage die Sonne und oft auch den Mond, des Nachts den Mond und die Sterne, am Himmel.

Aufg.: Schreibe auf, was der Wind thut! Schreibe: Der Wind braust.—Der Wind schüttelt die Bäume; u. s. w.

Hermanns.

(Siehe Nro. 16.)

63. Der Wind.

Ich bin der Wind und komm' geschwind; ich wehe durch
den Wald, dass' weit es wiederhallt. Bald säusle ich
gelind und bin ein sanftes Kind; bald braus' ich wie ein
Mann, den Niemand fesseln kann. Schliesst Thür und
Fenster zu, sonst habt ihr keine Ruh'; ich bin der Wind
und komm' geschwind.

Aufg.: Abschreiben und Auswendiglernen! — Aus Maesters' Lesebuch.

XIV.

64. Die vier Jahreszeiten.

1. Wie schön ist die Erde im Frühling! Sie schmückt sich dann
mit Blumen und frischem Grün, und süßer Duft erfüllt die Luft.
Das Würmlein kriecht aus der Erde hervor; das Fischlein im Bach,
das Vög'lein in der Luft: alle Thiere, groß und klein, freuen sich des
Sonnenscheins im Frühling. Der Bauer zieht wieder auf's Feld
hinaus und sät voll Hoffnung den Saamen aus. Die Kinder be=
kränzen in kindlicher Lust und schmücken mit Blumen das Haar und
die Brust. Alles ist Leben im Frühling!

2. Im Sommer sind die Tage am längsten. Die Hitze ist dann
groß, und Alles sucht ein kühles Plätzchen, um sich vor den brennenden
Strahlen der Sonne zu schützen. Schön ist's dann im kühlen Schat=
ten des dichten Waldes. Erfrischend sind die saftigen Erdbeeren,
Kirschen, Pfirsichen, Melonen und andern Früchte des Sommers.
Der Mensch badet sich im kalten Wasser, und Mensch und Thier,
Gras, Baum und Strauch sind frisch und neu belebt nach einem
Gewitter. Mancher wird aber auch krank im Sommer, weil er zu
viel kaltes Wasser trinkt. Wer erhitzt ist, sollte gar kein Eiswasser
trinken.

3. Der Herbst ist die Zeit der Ernte für den Landmann. Da
erntet derselbe, was er gesät und im Sommer bei großer Hitze gehegt
und gepflegt hat. Alle Früchte reifen. Die Tage werden kürzer.
Das grüne Laub der Bäume nimmt andere Farben an und fällt ab.

Der Landmann säet die Wintersaat. Alles bereitet sich, den Winter zu empfangen.

4. Im Winter ruhet die Erde. Eine weiße Decke deckt die junge Saat des Feldes zu, damit dieselbe nicht erfriere. Dir geben die Eltern warme Kleider, und hinter dem warmen Ofen ist's schön, wenn du von der Schlittenbahn kommst, oder Schneemänner gemacht hast. Und giebt's nicht Blumen im Garten, so giebt's doch oft schöne Blumen an den Fensterscheiben. Auch der Winter ist schön; bringt er ja doch das Weihnachtsfest mit dem schönen Christbaume, und ein neues Jahr, mit. — Frühling, Sommer, Herbst und Winter sind die vier Jahreszeiten.   Hermanns.

Aufg.: 1. Schreibe auf: Namen von Blumen, welche im Frühling blühen! —
    2.   „   „   „   „   „   „   „ Herbst blühen! —
    3.   „   „   „   „ Früchten, welche im Sommer reifen! —
    4.   „   „   „   „   „   „   „ Herbst reifen! —

65. Die vier Brüder.

1. Vier Brüder gehn Jahr aus, Jahr ein, im ganzen Land spazieren; doch jeder kommt für sich allein, uns Gaben zuzuführen.

2. Der erste kommt mit leichtem Sinn, in reines Blau gehüllet, streut Knospen, Blätter, Blüthen hin, die er mit Duft erfüllet.

3. Der zweite tritt schon ernster auf, mit Sonnenschein und Regen, streut Blumen aus in seinem Lauf, der Ernte reichen Segen.

4. Der dritte naht mit Ueberfluß, und füllet Küch' und Scheune, bringt uns zum süßesten Genuß, viel Aepfel, Nüss' und Weine.

5. Verdrießlich braust der vierte her, in Nacht und Graus gehüllet, sieht Feld und Wald und Wiesen leer, die er mit Schnee erfüllet.

6. Wer sagt mir, wer die Brüder sind, die so einander jagen? Leicht räth sie wohl ein jedes Kind; drum brauch' ich's nicht zu sagen.

Aufg.: Abschreiben und Auswendiglernen! —

XV.

66. Die Sonne.

1. Die Sonne giebt der Erde Licht und Wärme. Ohne Licht wäre es beständig Nacht, und ohne Wärme wäre die Erde kalt und

todt. Die Wärme macht auch, daß beständig Wasser von der Erde aufsteigt und Wolken bildet. Ohne Wärme würde es also weder regnen, noch schneien und hageln.

2. Im Winter geht die Sonne später auf und früher unter, als in den übrigen Jahreszeiten, und ihre Strahlen fallen viel schräger auf die Erde. Darum ist es im Winter so kalt. Die Sonne macht die vier Jahreszeiten. Sie macht auch das Jahr. Ein Jahr hat 365 Tage und beinahe 6 Stunden. Diese 6 Stunden machen in 4 Jahren einen Tag. Jedes vierte Jahr hat also 366 Tage und heißt Schaltjahr. Ein gewöhnliches Jahr rechnet man zu 365 Tagen.

3. Das Jahr wird auch in 12 Monate eingetheilt. Diese heißen: Januar, Februar, März, April, Mai, Juni, Juli, August, September, Oktober, November, Dezember. Ein Monat hat 30, oder 31 Tage, den Februar ausgenommen, welcher gewöhnlich nur 28 und im Schaltjahr 29 Tage hat. Dreißig Tage haben: April, Juni, September und November. Die übrigen Monate, also Januar, März, Mai, Juli, August, Oktober und Dezember haben 31 Tage. Der erste Januar ist der erste und der 31. Dezember ist der letzte Tag des Jahres.

4. Sieben Tage machen eine Woche. Die Wochentage sind: Sonntag, Montag, Dienstag, Mittwoch, Donnerstag, Freitag und Samstag. Der Sonntag ist der Ruhetag. Jeder Tag hat 24 Stunden und dauert von Mitternacht bis wieder Mitternacht. Von Mitternacht bis Mittag sind 12 Stunden und von Mittag bis zur nächsten Mitternacht wieder 12 Stunden. Die Zeit von Sonnenaufgang bis Sonnenuntergang heißt auch Tag. Geht die Sonne unter, so wird es Nacht.

5. Die Gegend am Himmel, wo die Sonne aufgeht, heißt Morgen oder Osten. Die Gegend, wo sie untergeht, heißt Abend oder Westen. Richtest du Mittags dein Gesicht gegen die Sonne, so ist vor dir Mittag oder Süden, und hinter dir ist Mitternacht oder Norden. Dies sind die vier Himmelsgegenden.   Hermanns.

Aufg.: Schreibe auf und lerne auswendig:
1. Die Namen der vier Jahreszeiten! —
2.   „   „   „ 12 Monate! —
3.   „   „   „ 7 Wochentage! —
4.   „   „   „ 4 Himmelsgegenden! —

67. Sonnenaufgang.

1. Verschwunden ist die finstre Nacht;
   Die Lerche schlägt, der Tag erwacht,
   Die Sonne ist mit Prangen
   Am Himmel aufgegangen.

2. Sie scheint in Königs Prunkgemach,
   Sie scheinet durch des Bettlers Dach;
   Und was in Nacht verborgen war,
   Das macht sie kund und offenbar.

3. Lob sei dem Herrn und Dank gebracht,
   Der über jedes Haus gewacht,
   Mit seinen heil'gen Schaaren
   Und gnädig wollt' bewahren.

4. Wohl Mancher schloß die Augen schwer
   Und öffnet sie dem Licht nicht mehr;
   Drum freue sich, wer neu belebt
   Den frischen Blick zur Sonne hebt.

Aufg.: Abschreiben und Auswendiglernen! —   Schiller.

---

68. Sonnenuntergang.

1. Wie geht so klar und munter
   Die liebe Sonne unter!
   Wie schaut sie uns so freundlich an
   Von ihrer hohen Himmelsbahn!

2. Sie läuft den Weg behende
   Von Anfang bis zu Ende,
   Erhellt und wärmt die ganze Welt
   Aus ihrem himmlischen Gezelt.

3. Das ist so ihre Weise;
   Sie zeuget still und leise:
   Wer flink am Tage Gutes thut,
   Dem ist am Abend wohl zu Muth.

4. Auf allen ihren Wegen
   Ist lauter Heil und Segen;
   Dann schließt sie freundlich ihre Bahn
   Und lächelt uns noch einmal an.

Aufg.: Abschreiben und Auswendiglernen! —   Schiller.

XVI.

69. Der Mensch . . . Gott.

1. Ich bin noch klein und jung. Ich bin ein Kind. Meine Mitschüler und Mitschülerinnen sind auch Kinder. Kinder sind junge Menschen. Ein Kind ist anfangs klein und schwach, nach und nach aber wird es größer und stärker. Die Eltern geben dem Kinde zu essen und zu trinken, sie pflegen und erziehen es. Sie haben sehr viele Sorge und Mühe, bis aus dem Kinde ein erwachsener Mensch geworden ist.

2. An meinem Körper oder Leibe sehe ich viele Theile. Die Haupttheile sind: Der Kopf, der Rumpf und die Arme und Beine oder die Glieder. Am Kopfe befinden sich die Augen, die Nase, die Ohren und der Mund. Mit meinen Augen sehe ich die Dinge um mich her. Ich sehe, wie schön die Erde ist und sehe die Sonne, den Mond und die Sterne am Himmel. Mit meinen Ohren höre ich, was Vater und Mutter mir sagen. Ich höre auch den schönen Gesang der Vögel. Mit meiner Nase rieche ich und erkenne, daß eine Rose keine Tulpe ist. Mit meiner Zunge schmecke ich, was süß, sauer, oder bitter ist. Am ganzen Körper fühle ich die warmen Strahlen der Sonne und die Kälte des Winters. Das Gesicht, das Gehör, der Geruch, der Geschmack und das Gefühl sind meine fünf Sinne. Damit kann ich wahrnehmen, was um mich her da ist.

3. Zu den fünf Sinnen hat mir der liebe Gott noch die Vernunft, oder den Verstand, gegeben. Damit denke ich und erkenne, was Recht, oder Unrecht, gut, oder böse, wahr, oder unwahr ist. Nur wer seinen Verstand gebraucht, kann wahrhaft frei und glücklich sein. — Meine Vernunft sagt mir auch, daß der liebe Gott die Menschen liebt, weil er denselben den Verstand gegeben und sie zu Herren der großen schönen Erde gemacht hat. Und mein Verstand sagt mir, daß so viele Menschen nicht glücklich sind, weil sie nicht gut sind, und daß sie nur glücklich sein können, wenn sie den lieben Gott wahrhaft lieben, d. h., wenn sie das Gute lieben und Gutes thun.

Aufg.: 1. Schreibe auf, was du thust:

1. Mit den Augen.	4. Mit dem Munde.
2. Mit den Ohren.	5. Mit dem ganzen Körper.
3. Mit der Nase.	

2. Schreibe auf die Namen der fünf Sinne! —

Hermanns.

70. Einige Sprüche und Verschen zum Behalten und zur Beachtung für's ganze Leben.

1. Gute Sprüche, weise Lehren,
   Soll man üben, nicht bloß hören.

2. Was Du nicht willst, daß man Dir thu',
   Das füg' auch keinem Andern zu!

3. Behandle Andere immer so, wie Du wünschest, daß sie Dich behandeln!

4. Selbst essen macht fett; das heißt:
   „Denke selbst und behalte dein Geld in der Tasche!"

5. Bescheidenheit:
   Ein schönes Kleid.

6. Rede wenig, aber wahr:
   Vieles Reden bringt Gefahr.

7. Morgenstunde hat Gold im Munde.

8. Lügen haben kurze Füße.

9. Erst bessere Dich selbst, und dann siehe, wie Du Andere besserst!

10. Wer, sich zu bessern, täglich Etwas thut,
    Der wird am Ende fehlerfrei und gut.

11. Fleiß und Dankbarkeit gefällt,
    Undank haßt man in der Welt.

12. Was Du heute thun kannst, verschiebe nicht auf morgen!

13. Hast Du genug und Ueberfluß,
    Denk auch an Den, der darben muß.

14. Gut sein laßt uns, Alt und Jung,
    Gut sein, besser werden;
    Schuldlos unsre Jahre
    Wandeln bis zur Bahre.
    Hier ist die Hand, schlagt Alle ein,
    Wir wollen gute Menschen sein;
    Dann leben wir recht froh, froh, froh!
    Dann leben wir recht froh! —

Eins und Eins.   Eins von Eins.

 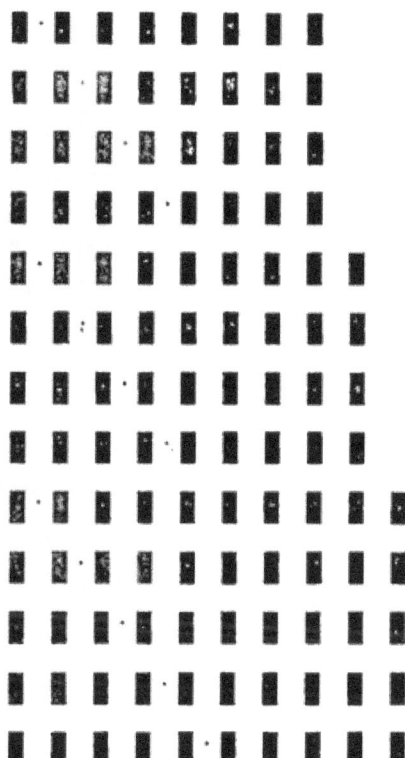

Benutzung.

Das ist 1 Strich. — Das sind 2 Striche. 2 besteht aus 1 + 1; 1 + 1 = 2; 1 von 2 bleibt 1. — Das sind 3 Striche. 3 besteht aus 1 + 2 oder aus 2 + 1; 1 + 2 = 3; 2 + 1 = 3; 1 von 3 bleibt 2; 2 von 3 bleibt 1. Das sind 4 Striche. — 4 besteht aus 1 + 3 oder 3 + 1 oder 2 + 2. 1 + 3 = 4, 3 + 1 = 4, 2 + 2 = 4. 1 von 4 bleibt 3; 3 von 4 bleibt 1; 2 von 4 bleibt 2 u. s. f.

Zählen.

1	▮									
2	▮	▮								
3	▮	▮	▮							
4	▮	▮	▮	▮						
5	▮	▮	▮	▮	▮					
6	▮	▮	▮	▮	▮	▮				
7	▮	▮	▮	▮	▮	▮	▮			
8	▮	▮	▮	▮	▮	▮	▮	▮		
9	▮	▮	▮	▮	▮	▮	▮	▮	▮	
10	▮	▮	▮	▮	▮	▮	▮	▮	▮	▮

10.	▮	▮	▮	▮	▮	▮	▮	▮	▮	▮	10.
10.	▮	▮	▮	▮	▮	▮	▮	▮	▮	▮	20.
10.	▮	▮	▮	▮	▮	▮	▮	▮	▮	▮	30.
10.	▮	▮	▮	▮	▮	▮	▮	▮	▮	▮	40.
10.	▮	▮	▮	▮	▮	▮	▮	▮	▮	▮	50.
10.	▮	▮	▮	▮	▮	▮	▮	▮	▮	▮	60.
10.	▮	▮	▮	▮	▮	▮	▮	▮	▮	▮	70.
10.	▮	▮	▮	▮	▮	▮	▮	▮	▮	▮	80.
10.	▮	▮	▮	▮	▮	▮	▮	▮	▮	▮	90.
10.	▮	▮	▮	▮	▮	▮	▮	▮	▮	▮	100.

Zählen.

1. 2. 3. 4. 5. 6. 7. 8. 9. 10.
11. 12. 13. 14. 15. 16. 17. 18. 19. 20.
21. 22. 23. 24. 25. 26. 27. 28. 29. 30.
31. 32. 33. 34. 35. 36. 37. 38. 39. 40.
41. 42. 43. 44. 45. 46. 47. 48. 49. 50.
51. 52. 53. 54. 55. 56. 57. 58. 59. 60.
61. 62. 63. 64. 65. 66. 67. 68. 69. 70.
71. 72. 73. 74. 75. 76. 77. 78. 79. 80.
81. 82. 83. 84. 85. 86. 87. 88. 89. 90.
91. 92. 93. 94. 95. 96. 97. 98. 99. 100.

$1 \times 7 = 7$
$2 \times 7 = 14$
$3 \times 7 = 21$
$4 \times 7 = 28$
$5 \times 7 = 35$
$6 \times 7 = 42$
$7 \times 7 = 49$
$8 \times 7 = 56$
$9 \times 7 = 63$
$10 \times 7 = 70$

Das Ein-mal-Eins.

$1 \times 1 = 1$
$2 \times 1 = 2$
$3 \times 1 = 3$
$4 \times 1 = 4$
$5 \times 1 = 5$
$6 \times 1 = 6$
$7 \times 1 = 7$
$8 \times 1 = 8$
$9 \times 1 = 9$
$10 \times 1 = 10$

$1 \times 4 = 4$
$2 \times 4 = 8$
$3 \times 4 = 12$
$4 \times 4 = 16$
$5 \times 4 = 20$
$6 \times 4 = 24$
$7 \times 4 = 28$
$8 \times 4 = 32$
$9 \times 4 = 36$
$10 \times 4 = 40$

$1 \times 8 = 8$
$2 \times 8 = 16$
$3 \times 8 = 24$
$4 \times 8 = 32$
$5 \times 8 = 40$
$6 \times 8 = 48$
$7 \times 8 = 56$
$8 \times 8 = 64$
$9 \times 8 = 72$
$10 \times 8 = 80$

$1 \times 2 = 2$
$2 \times 2 = 4$
$3 \times 2 = 6$
$4 \times 2 = 8$
$5 \times 2 = 10$
$6 \times 2 = 12$
$7 \times 2 = 14$
$8 \times 2 = 16$
$9 \times 2 = 18$
$10 \times 2 = 20$

$1 \times 5 = 5$
$2 \times 5 = 10$
$3 \times 5 = 15$
$4 \times 5 = 20$
$5 \times 5 = 25$
$6 \times 5 = 30$
$7 \times 5 = 35$
$8 \times 5 = 40$
$9 \times 5 = 45$
$10 \times 5 = 50$

$1 \times 9 = 9$
$2 \times 9 = 18$
$3 \times 9 = 27$
$4 \times 9 = 36$
$5 \times 9 = 45$
$6 \times 9 = 54$
$7 \times 9 = 63$
$8 \times 9 = 72$
$9 \times 9 = 81$
$10 \times 9 = 90$

$1 \times 3 = 3$
$2 \times 3 = 6$
$3 \times 3 = 9$
$4 \times 3 = 12$
$5 \times 3 = 15$
$6 \times 3 = 18$
$7 \times 3 = 21$
$8 \times 3 = 24$
$9 \times 3 = 27$
$10 \times 3 = 30$

$1 \times 6 = 6$
$2 \times 6 = 12$
$3 \times 6 = 18$
$4 \times 6 = 24$
$5 \times 6 = 30$
$6 \times 6 = 36$
$7 \times 6 = 42$
$8 \times 6 = 48$
$9 \times 6 = 54$
$10 \times 6 = 60$

$1 \times 10 = 10$
$2 \times 10 = 20$
$3 \times 10 = 30$
$4 \times 10 = 40$
$5 \times 10 = 50$
$6 \times 10 = 60$
$7 \times 10 = 70$
$8 \times 10 = 80$
$9 \times 10 = 90$
$10 \times 10 = 100$